HORS PISTE

Du même auteur, chez Slalom :

Quart de frère, quart de sœur, 2017

tome 1 : *Une rivale inattendue*

tome 2 : *Mon pire anniversaire*

tome 3 : *Mission spectacle*

Les Grandes Jambes, 2016

Du même auteur, en littérature jeunesse :

Lise et les hirondelles, Nathan, 2018

Où est passé le renne au nez rouge ?, Gulf Stream éditeur, 2017

Lucien et Hermine apprentis sorciers, Gulf Stream éditeur, 2017

tome 1 : *Un dragon bien trop gros*

tome 2 : *Un banquet plein de surprises*

La vache de la brique de lait, Frimousse, 2017

Max et les poissons, Nathan, 2015

Drôles d'époques !, Nathan, 2015

Musiques diaboliques, Nathan, 2015

La menace des fantômes, Nathan, 2015

L'attaque des monstres animaux, Nathan, 2015

Drôles de familles !, Nathan, 2014

Le souffle de l'ange, Nathan, 2013

Une première version de ce roman, très différente, a été publiée en 2012
sous le titre *J'ai passé l'âge de la colo !* (éditions Volpilière)

Loi n° 49-956 du 16 juillet 1949 sur les publications destinées à la jeunesse, modifiée par la loi n° 2011-525 du 17 mai 2011.

ISBN : 978-2-37554-094-7

Dépôt légal : janvier 2018

Slalom | un département **place des éditeurs**

place des éditeurs

HORS PISTE

Sophie Adriansen

Slalom

Samedi 18 février

Je suis dégoûtée : je pars en colo. L'année dernière, j'avais pourtant fait promettre aux parents que c'était la dernière fois, mais il paraît que j'ai « particulièrement besoin de faire du sport » et que l'air de la montagne me « fera du bien ».

– Tu devrais plutôt te réjouir ; c'était ça ou passer tes vacances d'hiver à réviser ton brevet.

Est-ce que c'est du chantage ? Ça fait des mois qu'on ne me parle que du brevet... Mais mes notes sont bonnes, et mes parents le savent !

Sauf que le sport, l'air glacé, j'aurais préféré aller les chercher à la patinoire de la ville, où Grégory va tous les samedis. Et puis, la colo, c'est tellement aléatoire : les camarades de chambre, les anim', la météo... On ne peut jamais prévoir. La patinoire, au moins, je sais avec qui j'y vais, et je sais qui j'y retrouve.

Ce qui me dégoûte encore plus, c'est que les téléphones portables sont interdits dans cette colo. « Déconnexion totale, ça aussi ça te fera du bien. » J'ai un portable depuis deux ans, et mes parents jugent que je l'utilise trop. Ce qui est faux : je l'utilise seulement lorsque c'est nécessaire, et je n'y peux rien si c'est nécessaire souvent ! Et mes parents se trompent : ça ne me fera aucun bien de passer une semaine sans nouvelles du collège, car le collège, c'est toute ma vie.

Le voyage se fait de nuit. Pour une fois, j'ai attendu dans ma chambre qu'arrive l'heure d'aller prendre le car. Avant, je ne coupais pas au rituel du jeu de société en famille, mais franchement, à quatorze ans, j'ai passé l'âge !

Mes parents ne skient pas. Mon père n'est pas sportif, et ma mère n'aime pas le froid. Lorsque j'ai eu sept ans, ils ont décidé que ce n'était pas une raison pour me priver de ce qui ne pouvait être qu'un plaisir pour la petite fille que j'étais. Et hop, dans le car !

Sauf que, moi non plus, je n'aime pas le ski, et j'ai des raisons : quantité invraisemblable de couches de vêtements qu'on doit empiler, avec des combinaisons trop larges, aux jambes trop courtes, qui font ressembler à un quartier de pomme de terre ; tire-fesses qui propulsent à un mètre du sol sans prévenir ; fous qui foncent sans regarder devant eux ; copains qui ne sont jamais loin au moment précis où on rate une bosse ; neige qui se glisse pile entre les gants et les manches de la veste...

Surtout, je n'aime pas les colos.

Cette année, ce sera différent. Fini le chalet des Pyrénées où j'avais, malgré tout, mes habitudes ; adieu l'aquarium géant à l'entrée du réfectoire, les parties de dames grandeur nature dans le jardin face aux sommets et les soirées télé dans la grande salle du bas... Cette année, direction les Alpes et le centre des Trois Sapins.

Je déteste les instants qui précèdent le départ. Sur le parking mal éclairé, tout le monde se jauge. Ce sont des moments déterminants, parce qu'il faut repérer celui ou celle à côté de qui on fera le voyage, et ceux qu'on veut éviter. Il faut aussi tenir à distance les parents, qui ont toujours mille et un conseils de dernière minute (généralement inutiles) à prodiguer, et qui réclament

LES TROIS SAPINS

Cadre exceptionnel pour un séjour inoubliable, le centre des Trois Sapins est situé au coeur d'un environnement montagnard d'une grande richesse. Établi à moins de 500 mètres des pistes de la station de ski, il permet de chausser les skis après seulement quelques minutes de marche.

Cette situation géographique privilégiée favorise la pratique quotidienne des sports d'hiver dans un cadre convivial et reposant.
Entouré de 12 hectares arborés, le centre peut accueillir jusqu'à 80 personnes, adultes ou enfants. Réparties dans deux bâtiments, les chambres comptent de 3 à 6 lits.

Activités neige : ski, surf, luge, raquettes…
Les accompagnateurs sont titulaires du brevet d'État, agréés par l'Éducation nationale et familiers du Parc de la Vanoise.

systématiquement un dernier bisou. Depuis la rentrée j'appelle les miens par leur prénom, ce n'est pas pour les embrasser en public.

Là, par exemple, j'aimerais bien envoyer un SMS à Charlotte. N'importe quoi, histoire d'avoir l'air occupée, mais mon portable est resté à la maison. Il m'a rarement autant manqué.

Il y a deux filles, là-bas, qui me plaisent bien. Elles doivent avoir mon âge. Elles sont belles et cool comme j'aimerais l'être, mais on dirait qu'elles se connaissent déjà et qu'il n'y aura pas de place pour moi. En colo, celles qui partent ensemble sont les pires : elles deviennent de vraies pestes au moins trois jours avant les autres. Moi, je n'ai jamais trouvé personne pour m'accompagner ; tous mes amis qui vont skier partent avec leur famille.

S'inscrire à plusieurs en colo devrait être interdit. C'est déloyal. Pour les départs en groupe, il y a les voyages scolaires, comme celui que j'ai fait en cinquième à Amsterdam. En colo, la règle devrait être la même pour tous : chacun pour soi.

Il y a plusieurs garçons mignons, aussi, même si aucun n'arrive à la cheville de Grégory. Lui et moi, on est sortis ensemble pendant plus d'un an. Depuis les dernières vacances de la Toussaint, c'est terminé. Maintenant, il sort avec Sephora, mais nous avons décidé de rester meilleurs amis. Enfin, surtout lui... Il semblerait que ça n'aille pas super avec Sephora, ce qui n'est pas une si mauvaise nouvelle...

Certains garçons ici paraissent avoir au moins quinze ans. Un anim' qui s'appelle Max fait enfin l'appel, et je monte dans le car parmi les premiers. Je choisis une place près de la fenêtre, dans la rangée de droite pour ne plus voir mes parents ; loupé, ils font le tour et agitent les bras comme si j'étais à trois kilomètres. Je fais semblant de ne pas les voir, et je détaille un à un les enfants qui montent et s'installent.

– Je peux m'asseoir ?

C'est une petite brune boulotte qui vient de s'arrêter à mon niveau. Elle porte un pull rouge à pois noirs sous sa doudoune violette, et une mèche de ses cheveux bruns est tressée. On doit avoir le même âge. Je ne vois pas quoi répondre d'autre que oui.

Du coup, je n'ose plus regarder en direction de l'allée ; je me tourne vers la vitre. Mes parents sont toujours là. Ils sourient bêtement en levant les pouces, comme si c'était une victoire que quelqu'un se soit installé à côté de moi. Puis ils me font de grands signes en articulant exagérément « Au revoir, Marion ! », comme s'ils s'adressaient à mon arrière-grand-mère, celle qui a cent ans et qui est en maison de retraite depuis avant ma naissance.

Les moteurs vrombissent, et les six animateurs qui nous accompagnent se présentent tandis que nous quittons le parking. Max, Gwenaëlle, Cédric, Donia, Lise et Sabine. Ça va, ils ont l'air plutôt sympas.

– Ils ont l'air plutôt sympas, dit ma voisine à mon attention.

À présent qu'elle a enlevé sa doudoune, on dirait une grosse coccinelle.

– Ouais.

Elle a lu dans mes pensées ou quoi ?

Je suis malade en car. Il n'y a qu'en mangeant et en dormant que je parviens à ne pas avoir mal au cœur quand on roule. J'ai bien envie d'entamer dès maintenant le sac de bonbons que j'ai pour le séjour, mais je ne tiens pas à partager ma réserve avec ma voisine. Je suis sûre qu'elle va dire oui si je lui en propose. En même temps, ce serait un bon moyen de relancer la conversation...

– Tu veux un bonbon ?

– Ah oui, je veux bien, merci !

Grrr...

– Tu t'appelles comment ?

Au moins, que ça serve à quelque chose... Elle s'appelle Jordan (oui, c'est un prénom de garçon, c'est ce que j'ai aussitôt pensé) et j'avais vu juste : elle a quatorze ans. Mais elle a un an d'avance, ce qui fait qu'elle est au lycée. Elle me raconte comme c'est cool de ne plus avoir à présenter son carnet de correspondance pour sortir ; elle me dit aussi qu'on peut manger chez Quick au lieu d'aller à la cantine, qu'on peut fumer dans la cour et que certains ont déjà le permis. J'ai hâte d'y être... D'un coup, je me sens un brin gamine par rapport à ma voisine.

– T'as vu, c'est naze qu'on n'ait pas le droit aux portables, dis-je pour chasser ce sentiment d'infériorité.

– Moi, je m'en fiche, fait Jordan en haussant les épaules, j'en ai pas.

Quoi ? Pas de portable en seconde ? Cette fille doit passer pour une extraterrestre dans son lycée.

Les deux filles cool discutent beaucoup depuis le départ. Elles ont l'air de bien s'amuser. Derrière moi, il y a deux garçons plus jeunes, un qui somnole et l'autre qui écoute son MP3 à plein volume ; c'est à se demander comment fait son voisin pour dormir.

Il y a du chahut au fond du car. Les garçons les plus âgés ont investi la dernière rangée, comme ils le font sans doute du fond de la classe. J'arrive à identifier quelques prénoms, le plus souvent quand les animateurs les rappellent à l'ordre : il y a Kenny, Jonas et Anthony. C'est lui le plus beau, incontestablement.

Le samedi d'après mon retour de colo aura lieu la soirée qu'organise Charlotte, ma meilleure amie, chaque année pour son anniversaire. Cette fête, dans le garage de sa maison, pourrait bien faire basculer la situation, parce que Grégory viendra... mais seul. La semaine dernière, il a expressément demandé à Charlotte de ne pas inviter Sephora. Je suis sûre qu'il veut qu'on reprenne notre histoire là où on l'a laissée.

C'est d'ailleurs ce que je voudrais dire à tous les occupants de ce car : que j'ai bien d'autres préoccupations, que j'ai hâte que cette semaine passe. Comme ils tombent mal, ces sept jours sans portable alors qu'un événement crucial est sur le point de survenir... J'ai bien fait d'emporter mes pastels et mon bloc à dessin : grâce à eux, le temps passera plus vite. C'est comme ce journal : il devrait m'occuper et me permettre de rêver par écrit à Grégory... J'ai décidé ça peu de temps après mon voyage scolaire à Amsterdam. Au retour, je m'en voulais de ne pas avoir noté tous les détails, de ne pas avoir conservé mon billet d'entrée au Rijksmuseum ou à la maison d'Anne Frank, de ne pas avoir collé quelque part la belle étiquette des gaufres au sirop... Je me suis promis que, désormais, je garderai des traces de ce que je vis quand je suis loin de la maison. C'est ma nouvelle obsession.

Et puis, il y a Julia, une fille de ma classe dont les parents ont loué un appartement dans la station vers laquelle roule le car. Nous avons prévu de nous voir. Julia, ce n'est pas Charlotte, mais je m'entends quand même bien avec elle. Mes parents ont signé une autorisation de sortie pour que le père et la mère de Julia puissent venir me chercher. On a dit qu'on irait boire un chocolat dans un bar de la station, un jour en fin d'après-midi, tous ensemble. Au moins, je me sentirai moins seule. On parlera du collège, et je pourrai peut-être même utiliser le téléphone de Julia pour envoyer un message ou deux...

Je sais que c'est un luxe, d'aller au ski, que ce sont des vacances qui coûtent cher, que tout le monde n'a pas cette chance. Je sais que je ne devrais pas me plaindre de mon sort, mais c'est plus fort que moi : j'aurais aimé que l'on me pose la question... ou au moins que l'on m'envoie dans un centre avec portables et wi-fi. Le minimum, quoi !

Bercée par le ronronnement du moteur du car, je sombre lentement dans le sommeil.

Je suis interrompue au beau milieu d'un rêve lorsque le véhicule fait un virage à 180 degrés pour se garer. Nous sommes sur le parking presque désert d'une station-service, éclairé par les néons jaune orangé de l'enseigne. Obligation de descendre, même pour ceux qui n'ont pas envie d'aller aux toilettes. Les anim' réveillent aussi ceux qui dorment, car ce sera le seul arrêt de tout le trajet.

Je suis encore un peu dans les vapes, alors, après être descendue du car, je me mets à l'écart et je regarde la cinquantaine d'individus avec qui je vais vivre non-stop pendant les sept prochains jours.

C'est marrant, la vie en groupe. On ne se connaît pas, mais on se toise, on s'observe, on se dévisage discrètement. Différemment sur ce parking que sur celui de tout à l'heure : il n'y a plus les parents, alors on sort les épaules, certains roulent des mécaniques, jouent les adultes, fument – Jordan, notamment.

La lumière blafarde m'agresse. J'erre un peu dans la boutique en sortant des toilettes. Les gens ici ont tous un téléphone à la main. C'est injuste. Le rayon des bonbons m'appelle irrésistiblement... Je pense avoir déjà avalé le tiers de mes provisions. Mon mal de cœur légendaire a bon dos. C'est surtout le résultat de mes privations : à la maison, les bonbons sont bannis. Ils sont réservés aux occasions ultra-exceptionnelles, anniversaires ou voyages, voilà pourquoi le plus clair de mon argent de poche y passe depuis que j'en reçois : s'offrir pour quelques centimes un plaisir sucré tout en transgressant un interdit parental majeur, il n'y a rien de meilleur.

Je n'ai pas le temps de choisir entre fruits acidulés et chocolat-caramel, Sabine me fait signe qu'il est temps de regagner le parking. Elle est plutôt forte, avec d'innombrables tresses brunes retenues par des élastiques de couleurs différentes. Elle porte aux oreilles des anneaux de bois auxquels pendent des breloques marrantes. J'aime bien son style.

Elle me demande mon prénom.

– Marion. Et j'ai une tante qui s'appelle aussi Sabine, lui dis-je, histoire d'ajouter quelque chose.

– Je ne m'appelle pas Sabine, mais Savine, dit-elle dans un grand sourire. Avec un *v*.

Décidément, on dirait que c'est la semaine des prénoms étranges.

Je retrouve ma place dans le car à côté de Jordan. Il me semblait que nous étions au complet, quand j'aperçois Max qui sort de la boutique en traînant Kenny par le bras. Visiblement, Max est furieux, et Kenny, mécontent.

– Grimpe ! ordonne l'anim' au retardataire.

Kenny se dirige vers le fond du car en baissant vaguement la tête. Il arbore maintenant un petit sourire en coin.

– Non, non, tu restes à l'avant. Je te tiens à l'œil, mon grand, je te l'ai dit ! Si tu veux faire le malin, va falloir que tu te trouves un autre pigeon, ça ne marchera pas avec moi.

Je trouve qu'il en fait un peu beaucoup pour un simple retard. Après tout, il y a toujours un dernier...

– Il l'a chopé en train de fumer un joint dans les chiottes, me glisse Jordan.

– Ah bon ? Comment tu le sais ?

– J'ai entendu Cédric le dire à Lise.

Au bout de son unique tresse, Jordan a accroché un minuscule grelot, un grelot qui ne fait pas de bruit lorsqu'elle remue la tête.

– Faut être idiot pour faire ça !

– Hum... ou avoir envie de se faire remarquer !

Mouais... Moi, je n'ai jamais fumé de joint, et je n'en ai pas spécialement l'intention, mais je préfère ne rien dire. Jordan a l'air bien au courant.

J'ouvre un œil. Il fait clair, le jour commence à se lever. Le paysage est montagneux. Combien de temps ai-je dormi cette fois ?

– Nous entamons la dernière ligne droite ! clame Max. Sauf qu'elle n'est pas vraiment droite, hein, on est à la montagne ! Regardez-moi cette neige, regardez-moi ces sapins... Franchement, vous n'êtes pas heureux d'être là ?

– Siiii ! clament en chœur les plus jeunes.

Je m'aperçois que tout le car est désormais réveillé. Avec l'arrivée de la lumière du jour, l'ambiance morose du trajet a laissé place à une excitation pleine d'impatience.

En silence, je prie mon estomac de bien s'accrocher. La montée finale, c'est ce que je redoute le plus. Pas question de commencer le séjour avec l'étiquette « celle qui a vomi à l'aller » ou « celle qui a fait s'arrêter le car ». J'ai déjà donné, merci. L'année de mes huit ans, on m'a appelée « vomita » toute la semaine. Alors, pour une fois que je suis vierge de toute mauvaise réputation digestive...

Je plonge la main dans le sachet de bonbons. Mince, il n'en reste plus, j'ai dévoré l'intégralité de ma réserve.

Super, la semaine commence bien !

Dimanche 19 février

Je vais passer une semaine sans boire de lait, car le seul qu'on sert ici est du vrai lait qui empeste la vache, pas de l'UHT.

– Vous êtes là pour profiter de tous les bienfaits de la montagne ! nous explique Étienne, le directeur du centre.

Mouais...

Après le petit déjeuner, on nous répartit en deux groupes : les grands et les petits. Nous partons avec nos bagages dans la salle d'animation d'un autre bâtiment.

Voilà donc pourquoi ce centre s'appelle les Trois Sapins : le réfectoire, la bibliothèque et l'infirmerie sont dans le chalet du Sapin blanc, les chambres des petits sont au Sapin vert, et les nôtres, au Sapin bleu.

Lorsque le calme se fait enfin, après le vacarme provoqué par les chaises déplacées, l'équipe nous donne les principales règles de vie dans le centre.

– Évidemment, je ne vais pas vous rappeler qu'il est important de se laver les mains avant de passer à table ou de débarrasser après avoir fini son repas, commence Cédric. On est au Sapin bleu, ici, ce qui signifie que vous êtes un minimum responsables. Malgré tout, nous allons vivre une semaine tous ensemble et, sans consignes, ce serait vite l'anarchie. Il y a donc des principes à respecter pour que la vie en communauté se passe bien.

– Comme ne pas péter en public ! lâche un des garçons.

Ceux qui sont autour de lui s'esclaffent.

– Savine, tu peux vérifier qu'on est bien au Sapin bleu, s'il te plaît ? J'ai comme un doute, tout à coup...

Savine va jusqu'à la plaque à l'entrée du chalet, puis elle revient en hochant la tête très sérieusement.

– Bon, donc vous êtes des *grands,* n'est-ce pas, reprend Cédric en appuyant sur le mot « grands » et en haussant exagérément les sourcils. Cela n'empêche que, pendant ce séjour, vous êtes placés sous notre autorité à nous. Vous avez des niveaux d'autonomie différents, mais ici, chacun devra faire un effort et s'adapter au groupe.

Il égrène les règles une à une, des lits qui doivent être faits chaque matin avant de partir skier à l'organisation des douches en passant par l'obligation de demander la permission pour quitter le chalet, ne serait-ce que pour aller rendre visite à un frère ou une sœur chez les petits. Il nous parle aussi du respect des autres, de la violence, bannie sous toutes ses formes, et de la loi, la vraie, qui a cours ici comme à l'extérieur.

– S'il y en a parmi vous qui fument, vous prenez vos responsabilités ; on n'est pas vos parents, et vous savez très bien que c'est mauvais pour la santé. Par contre, c'est dehors que ça se passe – on respecte ceux qui ne fument pas – et les mégots vont dans les cendriers, pas ailleurs, termine Max en lançant un regard appuyé à Kenny, assis au fond (c'est une habitude) et vers qui plusieurs têtes se sont tournées.

Il en vient à la question des portables.

– Comme vous le savez, les téléphones sont interdits ici. C'est une décision de l'équipe d'animation : on a remarqué que vous êtes moins attentifs à ce que vous faites si vous êtes en permanence reliés à votre vie chez vous, alors que vous êtes là pour en profiter à fond. Ça fait deux ans qu'on a mis ça en place, et c'est vraiment efficace. Donc, en principe, personne ici n'a de téléphone. Si certains d'entre vous ont malencontreusement oublié cette consigne, ils peuvent venir gentiment nous apporter leur bestiole... on les gardera au chaud et on vous les rendra à la fin du séjour. Quelqu'un a quelque chose à signaler ?

Silence dans les rangs. Tout le monde s'observe, mais personne ne bouge. À ce moment précis, une sonnerie retentit. Les regards se tournent vers Savine, qui sort un portable de sa poche et décroche :

– Oui, Étienne ?

Elle quitte la salle.

– Pourquoi elle a le droit et pas nous ? demande un garçon.

– Parce qu'elle est animatrice et qu'on utilise les téléphones pour communiquer entre nous et avec le centre quand on est sur les pistes. Les consignes concernent les enfants, pas les adultes.

Savine revient, et Cédric nous présente le programme de la semaine. Il ne semble pas bien différent de celui des colos dans les Pyrénées : randonnée nocturne à raquettes, soirée jeux de société, soirée mini-casino, animation crêpes, sortie à la station pour acheter souvenirs et cartes postales, boum le vendredi soir et, bien sûr, ski. Il ne manque que les soirées télé.

– Et naturellement, nous sommes ouverts à toute suggestion d'animation de votre part ! Ce sont avant tout vos vacances ! conclut Max. Vous allez à présent pouvoir vous installer dans vos chambres…

Savine se penche alors vers lui et lui murmure quelque chose à l'oreille.

– Attendez ! On a un problème de comptage, visiblement. On va vous appeler un par un, et vous passerez de ce côté. On commence par les filles.

Le problème apparaît immédiatement : nous sommes seize à avoir été appelées, et il reste dans la partie principale de la salle quinze garçons et… Jordan.

Elle prend la parole spontanément :

– Vous avez dû oublier le *e* de Jordane et me compter comme garçon, ça arrive souvent.

Cette fille m'épate. Elle semble à l'aise en toutes circonstances, et étrangère à toute notion de timidité comme de ridicule. Même en pull rouge à pois noirs et tresse à grelot. Moi, à sa place, je ne me ferais pas autant remarquer.

J'entends Savine glisser à Cédric :

– Je vais prendre le deuxième lit de la chambre d'anim' et en caser cinq dans une même chambre, OK ?

Il y a trois niveaux à notre bâtiment : les parties communes en bas, les chambres des garçons au premier étage et celles des filles au second.

– Pour éviter que les garçons ne fassent de mauvaises blagues aux filles en passant devant leur porte, commente Savine.

En théorie, on n'est pas censés pénétrer à l'étage de l'autre sexe, mais les portes du couloir ont un large hublot par lequel on entrevoit les premières chambres.

J'ai toujours été mauvaise dès qu'il s'agit de former des équipes, d'être sélectionnée par d'autres. Je déteste ça. En sport, au collège, je suis toujours la dernière qu'on appelle ; c'est à chaque fois un calvaire. Là, il faut rapidement choisir les trois personnes avec qui passer toute la semaine, et qu'elles le veuillent bien, alors qu'on n'a pas encore vraiment fait connaissance. J'opterais bien pour les deux filles que j'avais repérées dès le départ (et qui, en plus d'avoir l'air cool, sont de véritables bombes), mais cela se confirme : elles ne daignent pas m'accorder un seul regard.

J'entre dans une chambre un peu au hasard, et une petite rousse au visage maculé de taches de rousseur m'accueille au son d'un « Complet ! » qui se termine en éclat de rire. Je me rabats donc sur la dernière chambre, et me retrouve avec trois filles a priori aussi paumées que moi, et visiblement un peu plus jeunes. Il y a un lit superposé, deux lits simples et quatre armoires. Je choisis un lit classique (je déteste quand il y a quelque chose au-dessus de moi, ça m'oppresse), tandis que la plus grande des filles commence les présentations.

– Je m'appelle Laëtitia, et vous ?

Malheur ! J'ai vu juste : elles ont entre onze et douze ans ! Des gamines ! Ma semaine va être un cauchemar...

Je transfère les piles de vêtements de ma valise dans l'armoire de bois clair, dans laquelle des occupants précédents ont gravé des dates, des prénoms et des symboles divers comme dans l'écorce d'un arbre – quel manque de respect ! et quelle puérilité ! c'est à l'école primaire qu'on fait ça, non ? –, quand un fracas retentit : Savine vient de faire irruption dans la pièce avec sous le bras un lit qu'elle porte avec autant de facilité que s'il s'agissait d'un matelas gonflable et qui cogne contre l'encadrement de la porte.

– Mesdemoiselles, plus on est de fous, plus on rit... alors voici Jordane !

Sans rien demander, Savine fixe le lit au-dessus du mien. Le tout devient, sous mes yeux ébahis, un assemblage exactement identique à celui où vont dormir Laëtitia et une dénommée Magali. Jordane me lance un regard appuyé. Je me ressaisis soudain :

– Ça te dérange pas si je dors en haut ?

– Aucun problème.

Ouf !

– Vous êtes en quelle classe, les filles ? interroge Magali, qui ne cesse de replacer des mèches de cheveux devant ses oreilles – et pour cause : elle a les oreilles les plus décollées que j'aie jamais vues. Au-delà, c'est une éléphante.

Laëtitia, Magali et Claire ne sont pas concernées par l'interdiction : elles n'ont pas encore de téléphone. Ces morveuses sont épatées d'apprendre que Jordane est au lycée.

– C'est ça qui est marrant dans les colos d'ados, dit Savine, venue voir si notre installation avançait. Cette semaine, certains garçons ont seize ans, et à côté de ça, Donia, l'anim' qui s'occupe des petits, en a dix-sept et c'est sa première colo ! Bon, on s'active ? On va aller chercher vos skis.

– Y'a des enceintes, ici ? interroge Jordane. J'aimerais brancher mon lecteur MP3...

– J'ai une chaine hi-fi dans ma chambre, fait Savine. Je la mettrai dans le couloir ce soir, si tu veux. Par contre, j'ai un droit de veto sur la musique ! La variétoche, ça m'écorche les oreilles !

– Je n'écoute pas de *variétoche*, répond Jordane très sérieusement.

Je ne dis rien. Dans mon MP3 à moi, il y a du Véronique Sanson période 74-81...

Choisir les skis et les chaussures, c'est une angoisse terrible. Une responsabilité trop grande, je trouve. Je ne sais jamais si je suis bien dans des chaussures avant d'avoir commencé à skier.

– C'est pourtant pas compliqué : tu touches au bout ou pas ?

Le type qui s'occupe de moi est trop beau.

– Oui... enfin, un peu, mais pas trop...

– Ça te fait mal ? Tu veux essayer la pointure au-dessus ?

– Peut-être...

Le dilemme est de taille : si je prends trop large, je risque d'avoir des ampoules ; si je prends trop juste, je m'expose à souffrir le martyre en ressentant à longueur de journée que mes pieds se terminent par des ongles. Le confort d'une semaine entière dépend d'un choix qu'il faudrait arrêter en une minute, et au lieu de me comprendre on me prend pour une indécise.

– Bon, je m'occupe de ta copine, tu me fais signe quand tu es décidée.

Pour les skis, c'est pas mieux.

– Vu ta taille, je te conseille ce modèle-là si tu as un bon niveau, et celui-ci, plus petit, si tu préfères jouer la sécurité ou si tu débutes. Qu'est-ce que tu choisis ? Tu as déjà skié ?

Faut-il avouer, au risque d'être ridicule, que même si je vais aux sports d'hiver depuis des années je ne suis toujours pas à l'aise avec ces planches, qui me rendent maladroite ? Ou jouer les caïds et le regretter une fois sur les pistes ?

– Euh...

– Eh ben, si tu mets autant de temps à te décider pour descendre du télésiège, tu risques de faire plusieurs fois le tour !

La blague du beau brun aux yeux bleu clair déclenche l'hilarité générale. Génial ! On peut donc avoir un physique de rêve et un humour pourri...

– Je prends les plus grands ! dis-je pour compenser.

J'attrape mon matériel en râlant. Je ne suis pas pressée d'être à cet après-midi pour les tester en situation.

Je me rends compte au déjeuner que c'est quand même sympa d'être dans un petit groupe. Dans les Pyrénées, on était au moins une centaine, répartis dans des bâtiments immenses. Les chambres ressemblaient à des dortoirs. Là, j'ai déjà presque l'impression de connaître tout le monde ; je n'ai pas tous les prénoms, mais il flotte une sensation de familiarité plutôt agréable.

Nous nous préparons pour le ski.

J'empile les couches et les matières : caleçon long, chaussettes fines, sous-pull anti-transpirant, grosses chaussettes, pantalon de ski, gros pull et enfin blouson assorti au pantalon. Je prends bien garde à ne pas laisser dépasser un seul centimètre de peau. Ça y est, je ressemble à un quartier de pomme de terre, option cosmonaute... et pêche aux moules : les flocons verts qui ornent mes chaussettes sont visibles de tous. Vivement que mes chevilles disparaissent dans les chaussures de ski... J'opte pour un bandeau et glisse mon bonnet dans ma poche au cas où, j'attrape masque et gants, et je descends au rez-de-chaussée. Je me sens aussi sexy qu'un cheval de trait. Heureusement que Grégory n'est pas là pour me voir !

Nous avons de vrais moniteurs, ceux de la station, en combinaisons rouge et blanc, mais les anim' viennent avec nous. Jordane, qui fait du snow, est dans le même groupe qu'Anthony le beau gosse. Quelle chance ! Il a encore plus de classe avec ses lunettes de soleil. Avec eux, il y a aussi son copain, Jonas, et les deux filles sympas, qui n'ont plus du tout l'air de l'être. Elles s'appellent Tiffany et Anne-Caroline et, rien que parce qu'elles attirent à elles seules les regards de tous les garçons, qu'elles fument et qu'elles rient toujours très fort, je commence doucement mais sûrement à les détester. Comme si ça ne suffisait pas, elles réussissent l'exploit de ressembler à quelque chose en tenue de ski. Décidément, il n'y a pas de justice !

Moi, je suis avec Kenny. Les autres sont plus jeunes. J'ai toujours eu un faible pour les cancres et les rebelles, sans doute parce que j'ai toujours été dans le peloton de tête en classe et que les opposés s'attirent. Mais là, je me méfie : Kenny me semble presque trop rebelle...

La montagne est belle. Quand on en est loin, on ne se souvient que de la carte postale ; on oublie la force de ce qu'on éprouve quand on est en altitude, entouré de pentes vertigineuses et dominé par les cimes recouvertes d'un blanc manteau. L'atmosphère, les sons, tout est différent. Dame nature prend corps. Les sommets semblent à la fois dangereux et protecteurs. On se sent à la fois puissant et minuscule. Géant et vulnérable. C'est incomparable.

Il y a des arbres, dans cette station. Je pensais que c'était partout pareil, mais non : les Alpes sont différentes des Pyrénées.

Je m'élance.

Je retrouve très vite le plaisir de dévaler les pentes. Même si je me sens un peu encombrée par mes immenses skis, ça va. Le ski, c'est comme le vélo, ça ne s'oublie pas. Et quel bonheur de glisser sur la neige fraîche, de se laisser emporter sans effort par le dénivelé, d'entendre le bruit des flocons qui crissent sous les skis, de sentir l'air vif qui caresse les joues et picore les lèvres...

Je parviens même à prendre les remontées sans tomber – c'est ma hantise que le tire-fesses me fasse décoller d'un coup au départ et que je chute à quelques mètres seulement de ceux qui attendent leur tour, ou que je perde l'équilibre à la descente du télésiège et m'étale de tout mon long devant le groupe… C'est ma hantise parce que ça m'est déjà arrivé, évidemment, et pas qu'une fois. Heureusement, aujourd'hui tout va bien.

Il fait aussi très beau et, malgré le froid, j'en viens à apprécier franchement ce début de vacances tandis que tous, assis dans la neige, nous attendons Kenny, tombé un peu plus haut. Après tout, quitte à être coincée une semaine complète ici sans moyen de communiquer avec le collège, autant en profiter, non ?

Je repense à Anthony. Et si je vivais une histoire avec lui ? Je ne trahirais pas Grégory pour autant puisqu'il m'a quittée il y a plusieurs mois… Et il sera bien temps de penser à la soirée de Charlotte à mon retour.

Je suis en train de rêver quand j'entends un cri.

– Attention !

Je tourne la tête et vois Kenny débouler, les deux pans de son écharpe multicolore volant au vent. Il a visiblement perdu le contrôle de la situation. Les autres se relèvent rapidement et j'essaie d'en faire autant, mais je retombe lourdement sur les fesses. Kenny approche à vitesse grand V et je sens que ma fin est proche. Je me relève à nouveau, mais je n'ai pas le temps de m'écarter…

Le choc n'a pas été douloureux, mais je suis trempée. De la neige s'est infiltrée dans mon col, elle descend maintenant en glaçant la colonne vertébrale, et je sens que j'en ai aussi plein les cheveux... J'entends surtout les applaudissements de ceux qui se sont décalés à temps. C'était trop beau, donc. Je vais hériter de l'étiquette « celle qui s'est fait atomiser par Kenny le premier jour », ou « l'empotée de service ». Formidable.

Intégralement recouvert de neige, Kenny se relève, hilare.

– Ouaf ! C'est ce qu'on appelle briser la glace, n'est-ce pas ?

Il récupère ses lunettes, qui ont valsé un peu plus loin.

– Tu pourrais t'excuser, quand même.

– Oh, c'est bon, fais pas ta gamine. On a le même âge, non ?

Il a des mini-paquets de neige sur les cils. On dirait des petites perles.

– Je ne sais pas. J'ai quatorze ans.

– Ah ouais, loupé ! Moi, j'en ai seize. En tout cas, ce qui est sûr, c'est qu'on risque pas d'être dans le même collège.

Je prends soin de ne pas relever l'insinuation. Ça se voit tant que ça qu'on n'est pas du même monde ?

– Dans mon collège, on dit pardon quand on fonce sur quelqu'un, ajouté-je en essayant tant bien que mal de faire sortir la neige de sous mes vêtements.

– *Mâdâme* ! fait Kenny avec une moue appuyée, avant de rejoindre le groupe qui s'est reconstitué quelques mètres plus bas.

Le mufle ! Il ne m'attend même pas...

– Ça va ? me demande pour la forme Cédric, qui skie avec nous.

– Oui, oui.

L'étiquette « gamine », pour reprendre le terme employé par Kenny, ne sera pas pour moi.

– C'est un cas, celui-ci, poursuit-il en désignant Kenny du menton. Si je peux te donner un conseil, mieux vaut te tenir éloignée de lui...

Je repense à ce que Kenny m'a dit. Seize ans ! J'espère bien que je n'irai plus en colo à cet âge-là. De toute façon, j'espère bien que je n'irai plus en colo *tout court* après celle-ci... Au lycée, on a d'autres préoccupations. Exception faite pour Jordane l'extraterrestre.

Dans la queue du télésiège, Kenny me colle. Je fais tout pour l'éviter, mais il se débrouille pour monter avec moi.

– Scuse, hein, pour t't à l'heure.

Quand même !

– Hum, c'est bon, maugrée-je.

– T'es en quatrième ? demande-t-il.

– Troisième.

– Énorme ! T'as quatorze ans et t'es en troisième, alors que moi j'en ai seize et je suis en quatrième !

– Une question de maturité, peut-être...

– Intelli, intello ! Tout le contraire de moi, quoi ! C'est la première fois que tu viens ici ?

Il parle tellement vite que je n'ai pas le temps de tout relever. Et je ne tiens pas à passer pour une fille à qui on a besoin de répéter les choses.

– Oui, et toi ?

– Oui. C'est ma punition !

Ça alors !

– Pourquoi ? T'aimes pas la colo ?

– Nan, j'aime pas. Et ma mère le sait, mais elle cherche toutes les occasions de se débarrasser de moi... Avec notre quotient familial, une semaine de colo ne lui coûte presque rien, alors elle m'envoie dans les trucs comme ça dès qu'elle le peut et sans me demander mon avis : poney, peinture sur tissu et compagnie...

Je ne pensais pas me trouver si facilement un point commun avec ce garçon. Peinture sur tissu, vraiment ? Le pauvre !

– Moi, c'est pareil, personne ne m'a demandé si je voulais venir là... Et sans téléphone, en plus, merci !

– Tout ça va changer quand on sera majeurs ! Y'a plus longtemps à attendre... conclut Kenny sans relever ma dernière remarque.

Mouais. La majorité, ça me semble loin. Quatre ans... une éternité !

Kenny me sourit avant de me parler un peu du quartier où il a grandi, celui qu'on appelle la zone, au nord de la ville.

En fait, il est sympa, Kenny. C'est cool qu'on soit dans le même groupe ; je crois que je l'aime bien.

Le reste de l'après-midi se passe sans chute, du moins pour moi. D'autres, comme Kenny, ne cessent d'avaler de la poudreuse. Je passe même sans aucune difficulté (excepté quelques sueurs froides, mais dont personne ne se rend compte) l'épreuve du tire-fesses difficile, celui dont le parcours est jalonné de panneaux triangulaires et dont le perchiste répète à chacun les mêmes avertissements. Pour donner le change, je ne tiens même pas la perche dans les lignes droites et, même si je me fais quelques frayeurs, j'arrive saine et sauve à bon port.

– Tu auras encore plus de plaisir si tu prends bien appui sur l'avant des chaussures, me conseille Jean-Guy, notre moniteur, tout de rouge et blanc vêtu. Comme ça, dans l'axe.

Il me montre comment il fléchit les jambes. Je l'imite.

– Ça peut faire peur parce qu'on est davantage dans la pente, m'explique-t-il, mais de cette façon tu rééquilibres le poids du corps et tu as plus de souplesse pour te réceptionner. Et surtout, c'est toi qui décides.

– C'est moi qui décide de quoi ?

– De là où tu mènes tes skis, et pas l'inverse. C'est important, non ? Dans la vie, il vaut toujours mieux être en capacité de décider plutôt que de subir les choses.

Je retrouve Jordane dans la chambre.

– Alors, comment s'est passé ton aprèm ?

Sans rentrer dans les détails, je lui raconte Kenny, la chute, le dos trempé...

– Eh bien, on dirait que les couples commencent à se former ! Chez nous, c'est Tiffany qui a pas arrêté de tomber sur Anthony... mais je peux te dire que ça se voyait bien qu'elle le faisait complètement exprès !

– Non mais attends, ça n'a rien à voir avec Kenny et moi ! Lui, c'est un casse-cou, un spécialiste des cascades manquées qui veut se faire remarquer ! Je peux te dire que ça ne ressemblait pas franchement à une manœuvre d'approche ! Et puis, il en a fait tomber d'autres. Il ne m'intéresse pas, de toute façon... Franchement, le seul qui pourrait me plaire, à la rigueur, c'est Anthony...

– Alors passe la seconde, ma vieille ! Tiffany a déjà une longueur d'avance...

Je regarde Jordane du coin de l'œil. J'aime bien cette fille. Aucune de mes amies n'est aussi franche avec moi, même pas Charlotte. J'ai l'impression de la connaître depuis bien plus que vingt-quatre heures. J'espère que j'aurai l'occasion de la revoir, après cette semaine. Elle porte un sweat-shirt jaune moutarde encore plus improbable que son pull coccinelle, mais ça ne me choque absolument pas ; ou, plutôt, ça fait partie du personnage auquel je me suis déjà habituée.

– À la douche, chambre 3 !

Arrgh ! Les douches communes, encore un truc que je déteste. Je ne comprends pas celles que ça ne gêne pas, d'enlever leur culotte devant d'autres filles. Tout le monde se mate, et j'ai l'impression que Claire, du haut de ses onze ans, a plus de seins que moi...

– OK ! Et après, tu pourras sortir ta chaine pour la musique ? demande Jordane à Savine.

Jordane se balade à moitié nue dans le couloir sans que ça semble lui poser le moindre problème. Cette fille est totalement décomplexée. Et elle a aussi de la poitrine...

– Toi, quand tu as une idée en tête, hein... Je prépare ça pendant que vous vous savonnez. Allez, filez à la douche !

En fait, c'est moins désagréable que ce que je pensais. Il y a des demi-cloisons qui permettent de se cacher un minimum (ce qui était impossible dans les salles de bains de la colo des Pyrénées). À la sortie, je bénis ma serviette géante ; pour une fois, je me fiche des motifs Pierrot qui ornent les deux faces.

Aux suivantes !

Savine installe sa chaine hi-fi pendant que je me démêle les cheveux devant le miroir embué. Soudain, une explosion de cuivres, saxophones et trombones, retentit dans le couloir. Cela ne ressemble à rien de ce que je connais. L'une des filles en train de se doucher sursaute et laisse échapper un cri de surprise.

– Baiiiiiiiisse ! hurle Savine pour se faire entendre par-dessus la musique.

Je sors la tête de la salle de bains pour voir ce qui se passe.

– Le bouton de réglage du son est super-sensible ! se défend Jordane. Et je pouvais pas savoir qu'il y avait un disque dans le lecteur. C'est quoi ?

– Du ska, indique Savine. Moi, en musique, je ne suis jamais passée aux MP3. Ni au XXIe siècle, d'ailleurs.

Je m'approche de l'appareil. Savine apporte la pochette du CD. L'album s'appelle *Le Prix du silence,* et le groupe, La Ruda Salska. Jamais entendu parler, mais je dois avouer que j'aime bien, c'est dansant.

Le refrain du morceau s'imprime très vite. Il s'appelle *Orange,* et je comprends rapidement qu'il ne s'agit pas de la couleur, ni du fruit, mais de la ville.

– Le groupe a écrit cette chanson quand le Front national a gagné la mairie d'Orange, en 1995, explique Savine. Au même moment, deux autres villes sont passées à l'extrême-droite dans le Sud : Vitrolles et Marignane. La première chose que les équipes municipales ont faite en arrivant a été de fermer les lieux de culture et d'interdire les concerts qui avaient été programmés. Des artistes ont réagi en écrivant des chansons de résistance....

Je ne m'intéresse pas à la politique, mais je connais les droits de l'homme. La déclaration de 1789 est affichée en grand dans les toilettes chez mes grands-parents. Le premier article, c'est « Les hommes naissent et demeurent libres et égaux en droits. » Je comprends la réaction de ces artistes, le droit à la culture me parait fondamental. C'est la culture qui ouvre l'esprit. À Orange et dans les villes dont les maires sont extrémistes, c'est sans doute encore plus nécessaire qu'ailleurs...

ORANGE

(La Ruda Salska, 1996)

Mélangeons ! Métissons !
Unies soient nos cultures
Pratiquons la raison ! Bénie soit l'ouverture
Y'a tant de cons si ce n'est des prophètes
Aboyant leurs opinions nées
d'idées toutes faites ...
(...)
Mélangeons nos cultures !
Pratiquons l'ouverture !

Ça change tout, la musique : d'un coup, il y a une ambiance festive à notre étage, de quoi rendre les garçons jaloux.

Savine se tourne vers Jordane :

– Alors, tu nous la mets, ta musique ?

– La tienne est bien mieux ! s'exclame Jordane.

Savine nous regarde.

– Eh bien, si vous réclamez du son et qu'en plus vous me laissez faire la DJ, on va passer une super-semaine !

Savine enchaîne sur un autre album du même style.

– Pas toujours les mêmes, qui choisissent la musique ! râle Anne-Caroline, dont la chambre est la plus proche des enceintes.

– T'en as apporté, toi ? demande Jordane.

– Non...

– Ben alors, pourquoi tu nous les brises ?

Vexée, Anne-Caroline claque la porte. On dirait bien que la guerre est déclarée. Moi, j'ai choisi mon camp !

– Alors, qui est tombé aujourd'hui ? demande Max au début du dîner.

– Elle ! crie un garçon de mon groupe, prénommé Benjamin, en me montrant du doigt par-dessus son bol de soupe.

Je le maudis intérieurement. Quand je parlais d'étiquette...

– Je ne suis pas tombée, on m'a fait tomber, c'est pas la même chose.

Mais personne à part Jordane ne semble m'écouter. Elle se prête d'ailleurs à un drôle de jeu de regards avec le garçon assis en face d'elle. Il s'appelle César, et j'avais à peine remarqué son existence jusqu'alors.

– On a sympathisé au snow tout à l'heure, me souffle Jordane pendant que l'intéressé va remplir le pichet à la fontaine de métal, à l'autre bout de la salle.

Je le détaille de loin. César est joufflu, pas très grand ; il a sans doute notre âge et semble très calme.

– Je crois qu'il se passe un truc, ajoute Jordane tandis qu'il revient en la fixant droit dans les yeux, comme s'il n'y avait qu'eux deux dans ce réfectoire.

Je suis presque jalouse ; je me sens nostalgique de la période où Grégory me regardait comme ça.

Kenny fait irruption dans le réfectoire (le dernier, comme toujours), et je vois Max le fusiller du regard. Je le trouve bien rancunier. J'espère pour Kenny qu'il passera l'éponge avant la fin du séjour.

– Il s'est encore fait coincer, murmure César à notre intention après s'être à moitié allongé sur la table pour que nos voisins n'entendent pas.

– Comment ça ?

– Après la douche... Il fumait dans les toilettes de l'étage. La fumée passait par-dessous la porte... C'était sûr qu'il allait se faire griller ! Et ça ne sentait pas que le tabac, si tu vois ce que je veux dire.

J'ai beau trouver Kenny sympathique, je commence à me dire qu'il n'est pas bien malin...

Nous regagnons notre chalet après le dîner. On ne va pas beaucoup voir les petits cette semaine : même leurs soirées sont différentes. Je ne vais pas m'en plaindre... Pour nous, ce soir, c'est jeux de société.

Devant nous, j'observe Cédric, qui marche avec Kenny, Anthony et Jonas. Ils s'arrêtent avant d'entrer dans le chalet et se décalent vers le coin fumeurs. Je regarde Jordane, puis César à côté d'elle.

– Tiens, me dit-elle spontanément en me tendant son paquet de cigarettes.

Cette fille est vraiment géniale. Elle comprend plus vite que je ne pense, et elle imagine ce que je n'oserais pas. S'il faut que je me mette à fumer pour attirer l'attention d'Anthony, je vais le faire. Et sur-le-champ.

Je rejoins le petit groupe, tandis que Jo et César disparaissent à l'intérieur du bâtiment. Je sors une cigarette, puis présente le paquet à Anthony en masquant du mieux que je peux ma fébrilité.

– Tu en veux une ?

– Non, je touche pas à cette merde, moi.

Zut. Je ne vais pas lui dire que moi non plus, maintenant, sinon de quoi aurais-je l'air ? Tant pis, j'annoncerai demain que j'ai arrêté de fumer... et avec un peu de chance on me félicitera pour ça.

En fait, ils discutent. Il n'y a que Cédric et Kenny qui fument. Anne-Caroline et Tiffany arrivent en riant.

– Tu m'en passes une ? me demande Anne-Caroline, qui m'adresse la parole pour la première fois.

J'ai envie de lui répondre que le paquet n'est pas à moi, que de toute façon je ne fume pas parce que ça pue et que l'odeur reste sur les doigts, que je ne sais même pas ce que ça fait, qu'il n'y a qu'à Anthony que je voulais en offrir... mais au lieu de cela je m'entends répondre : « Vas-y, sers-toi. » Nulle, je suis trop nulle.

Tiffany s'accroche au cou d'Anthony et lui susurre je ne sais quoi à l'oreille.

– Bon, à plus ! fait celui-ci à l'attention de la communauté.

– On va discuter dans la chambre, souligne Tiffany en lançant un clin d'œil complice à Anne-Caroline.

Le silence les remplace.

Je vais rentrer au chaud, moi. C'est mieux.

Après une série de matchs de ping-pong gagnés 5 à 4 contre Cédric – que je soupçonne d'avoir fait exprès de perdre plusieurs fois – et trois parties de Puissance 4 avec Jonas durant lesquelles la conversation s'est limitée aux tactiques de jeu et à nos exploits respectifs sur les pistes (Jonas est dans le groupe des très bons, catégorie « une planche à chaque pied »), j'en ai un peu marre. Toutes les personnes intéressantes ont déserté la salle du bas. Jordane et César ne sont pas réapparus depuis la fin du dîner.

Je crois que je vais monter bouquiner dans ma chambre. De toute façon, cette première journée m'a épuisée.

Lundi 20 février

J'ai dormi d'un sommeil de plomb, qui a fait disparaître toute la fatigue du trajet nocturne, des premières pistes de ski et des émotions d'hier. Je n'ai même pas entendu Jordane rentrer – tard, m'a-t-elle dit, et après un échange de baisers avec César. Elle peut bien parler de Tiffany, elle ne perd pas de temps non plus.

Magali (il aura fallu moins de 24 heures pour que toute la colo la surnomme Dumbo) ouvre la porte-fenêtre pour récupérer quelque chose sur le balcon et éclate en sanglots.

– Qu'est-ce qui se passe ? lui demandé-je depuis mon perchoir.

Avant de se coucher, cette imbécile a mis ses bottines trempées de neige sur le balcon pour qu'elles sèchent.

Sauf qu'elles n'ont évidemment pas séché, comme elle l'espérait, mais gelé !

– Pleure pas, j'ai trois paires de chaussures, je vais t'en prêter une, la console Claire.

La solidarité se met en place. Les larmes de Magali ont disparu avant même que Savine ne soit intervenue.

Celle-ci a encore mis une musique hyper-rythmée, et la séance d'habillage pour affronter le froid se transforme en une session de danse improvisée. « Pas d'uniforme, non pas d'uniforme, je ne servirai pas l'armée, je ne suis pas ce type d'homme, je répète que pas d'uniforme, non pas d'uniforme, car je rejette toute violence mon ami quelle qu'en soit la forme », scandent les enceintes dans le couloir. Je reprends le refrain avec entrain : après tout, moi aussi je rejette toute violence quelle qu'en soit la forme. Les morceaux se suivent et ne se ressemblent pas, si ce n'est par l'énergie qu'ils dégagent et l'engagement de leurs textes : « Un autre jour en France, des prières pour l'audience, et quelques fascisants autour de 15 %, *Charlie* défends-moi... C'est le temps des menaces... » Dans les chansons de Savine, *Charlie* et engagement rimaient déjà. Il n'y a que Tiffany et Anne-Caroline qui restent à l'écart. Pour un peu, je passerais bien la matinée à l'intérieur !

J'ouvre à mon tour la porte-fenêtre afin de prendre la température. Il n'y a pas un nuage dans le ciel. L'air est cristallin, on entend résonner le tintement métallique des perches des remontées depuis le balcon de notre chambre. Non, ce serait quand même dommage de manquer ça.

Aujourd'hui va être une belle journée. Rien ne pourra entamer mon moral.

J'ai beaucoup plus d'assurance qu'hier. Les chaussures ne me font pas mal, et même la longueur de mes skis ne me dérange plus. Si je me tiens suffisamment éloignée de Kenny, aucune raison que je me retrouve les fesses dans la neige.

Grâce aux conseils de Jean-Guy, je skie comme une pro. J'utilise à peine mes bâtons, je me sens tellement souple que ce sont mes genoux qui font tout le boulot. Je vais vite, je prends même des risques sur plusieurs bosses. J'ondule entre les arbres comme une sirène entre les bancs de poissons. Appelez-moi reine des neiges, princesse des glaces, déesse de la poudreuse, comme vous voudrez !

En fait, le ski, j'adore.

Jean-Guy nous emmène sur de nouvelles pistes. Parmi elles, il y en a une qui devient aussitôt ma préférée : c'est un long chemin aux larges virages serpentant dans une partie très arborée de la station. La pente est douce et le paysage incroyable. L'été, nous a expliqué Jean-Guy, c'est une route secondaire d'accès au col. L'avantage, c'est qu'on est tous obligés de suivre la piste en file indienne ; aucun risque de se faire couper la route par un imprudent, même si Kenny, définitivement le plus casse-cou du groupe, choisit à deux reprises de « prendre un raccourci », pour terminer sa course dans un sapin. Il se fait attraper pour des bêtises au chalet ou sur l'autoroute, mais il a un bol monstre en ski : il ne se fait jamais mal, et il se montre très fier de ses exploits.

– Franchement, le coup du sapin, c'était trop bon ! Ça y est, j'peux dire que j'ai fait du hors-piste !

Je n'y peux rien, il me fait rire. Et je ne parviens pas à le trouver totalement irrécupérable.

– J'ai une mauvaise nouvelle, commence Jordane lorsque je la retrouve devant les bols de soupe fumante qu'on vient de nous servir en entrée (ça devient une habitude).

Je suis son regard, et l'ampleur de la catastrophe me saute aux yeux.

Tiffany embrasse langoureusement Anthony, debout au beau milieu du réfectoire. Elle se contorsionne, lui passe la main dans les cheveux et s'écarte légèrement pour qu'on distingue nettement leurs deux langues mêlées.

Du grand art. Ça me dégoûte.

Mon moral dégringole à la vitesse d'une avalanche. J'ai envie de pleurer. Qu'est-ce qu'il peut bien lui trouver ? D'accord, elle est belle, elle est bien foutue, mais enfin... niveau caractère, elle ne m'arrive pas à la cheville ! Il est évident que c'est une vraie cruche !

Et dire qu'ils vont passer l'après-midi ensemble, à surfer main dans la main...

– Comment ça a commencé ? Tu as vu quelque chose ?

Jordane secoue la tête. Elle a l'air franchement embêtée.

– Rien. Ils étaient déjà comme ça au début du cours. À mon avis, ça date d'hier soir...

– Mais t'étais pas toi aussi à l'étage des garçons, hier ? T'as rien vu ?

J'ai procédé par élimination. Le caractère interdit de l'étage du sexe opposé est a priori tout relatif passé une certaine heure, surtout quand les anim' sont occupés à encadrer les jeux de société dans la salle du bas.

Jordane se fait soudain mystérieuse.

– Ben vous étiez où ? Pas chez les filles, ni en bas, je vous aurais vus ! Dehors ? Chez les petits ?

– Surtout pas chez les petits, y'a le frère de César ! Bon, tu diras rien, hein ?

– Promis.

– On est montés sur le toit, murmure-t-elle.

Décidément, cette fille n'arrête pas de me surprendre.

– Sur le toit ! Mais comment vous avez fait ?

– On a grimpé par l'échelle de sécurité qui est dans la cage d'escalier. Y a une vue terrible, et surtout on est au calme...

– Vous avez pas eu froid ?

– César avait pris des couvertures.

Je reste muette. Certains, dans cette colo, ont l'air de vivre des aventures palpitantes. Pourquoi est-ce que ça ne m'arrive pas, à moi ?

– Attends, je ne t'ai pas dit ! reprend Jordane. Depuis que Tiffany est avec Anthony, Anne-Caroline tourne autour de Jonas.

– Ben voyons !

Je vois ça d'ici : le gentil petit couple parfait et la meilleure amie qui se met avec le bon copain, histoire de former un groupe de quatre stars qui ne se quitteront pas du séjour et s'enfermeront dans une bulle impénétrable.

– Non, non, justement ! Lui n'en a rien à faire, et c'est tordant ! Il la rembarre à chaque fois... Franchement, y'a peut-être un truc à tenter...

Après Kenny, Jonas... Elle cherche à me coller avec tout le monde ou quoi ?

– Ça m'étonnerait : j'ai passé la soirée d'hier à jouer avec lui à Puissance 4, et je pense que, si je lui plaisais un minimum, je m'en serais rendu compte...

Au passage, je ne suis pas certaine que Jonas m'intéresse, moi. Anthony occupe toutes mes pensées, et son aura n'est même pas entamée par le fait qu'il soit avec Tiffany.

Je broie du noir tout l'après-midi. La vie en colo n'est pas différente de celle au collège. Tout s'y passe plus vite, parce qu'on n'a qu'une semaine au lieu d'une année entière, mais ce sont toujours les mêmes qui sortent avec les plus beaux, ce sont toujours les mêmes qui réussissent des exploits, toujours les mêmes qu'on remarque, qu'on considère, qu'on admire, qui font rire, toujours les mêmes qui ont du succès. Tout ça est franchement injuste.

Après la douche, Savine met un morceau génial : *Brigadier Subari* d'Alpha Blondy. Du reggae hyper dansant. Je ne comprends pas toutes les paroles mais ça n'a aucune importance. On hurle « Opération coup de poing » en se déhanchant façon Shakira dans notre chambre (Jordane a annexé la chaine, et les enceintes se trouvent désormais juste devant notre porte), ce qui fait fuir Magali, Laëtitia et Claire. Ce n'est pas une grosse perte : on n'a finalement pas grand-chose à dire à ces gamines.

Jordane a une bien plus grande culture musicale que moi. Elle connaît certains des groupes que Savine adore. Moi, aucun. C'est comme si je découvrais un monde entier, inédit, des sons jamais entendus. C'est comme si j'étais passée à côté d'une importante part de ce qui existe sur la planète. Jusqu'à maintenant... D'autres rythmes, d'autres textes, d'autres couleurs musicales sont possibles. Est-ce le cas aussi dans d'autres domaines ?

Chez moi, il y a la radio qu'écoute ma mère dans la cuisine, des émissions ponctuées de tubes formatés pour les ondes et les vinyles que mon père met le week-end sur sa platine, les classiques de sa jeunesse, les disques qu'il aimait ou que ses parents écoutaient quand il avait mon âge : les Beatles, les Doors, Simon & Garfunkel, Cat Stevens, Nicoletta et Véronique Sanson... Des univers que j'ai appris à connaître et, par la force des choses, à aimer, au point de les avoir à mon tour dans mon lecteur MP3, entre les chansons de Fauve, de Grand Corps Malade et de Nekfeu, les rares chanteurs contemporains que j'apprécie. Nekfeu qui dit d'ailleurs, dans un morceau avec un autre rappeur, des choses pas très différentes de ce qu'écoute Savine, je le réalise seulement maintenant : « La flamme du FN sur le mur et ma jeunesse qui se consume hurle : "Faut-il qu'on les brûle pour qu'ils finissent dans une urne ?" » Les choses n'ont-elles pas évolué en vingt ans ?

Jordane liste les groupes qu'elle a vus en concert. Je lui avoue que je n'y suis jamais allée de ma vie (les récitals de piano au théâtre ne comptent pas).

– Un concert, c'est toujours énorme. Je t'emmènerai, d'accord ? Et si tes parents veulent pas, on dira que tu passes la soirée chez moi. Les miens sont cool, ils te couvriront.

Ma parole, on dirait que Jordane a décidé de faire mon éducation ! Ça me plaît bien.

La porte de l'étage claque, et la voix de Kenny se fait entendre :

– À poil, les filles ! hurle-t-il en grognant comme un ours.

– Qu'est-ce que tu fiches ici ? intervient Savine.

– Ça va, tout le monde est habillé… t'es la Gestapo ou quoi ? Nous, on n'a pas de musique ; j'entends du bon son, alors je monte, tu sais, comme le corbeau par l'odeur alléché !

– C'est le renard qui est par l'odeur alléché, pas le corbeau ! corrige Savine, qui n'a pas l'air d'humeur à plaisanter. Tu devrais réviser tes classiques, avant de faire le savant !

– Ça va… Alors, je peux rester ? Je viens discuter avec ma copine Marion, poursuit Kenny en m'adressant un sourire.

Je suis flattée, je sens le rose me monter aux joues. Jordane me jette un coup d'œil malicieux (je sais très bien ce qu'elle pense). Kenny ne me laisse pas le choix ; mais devant Savine, l'anim', je ne songe pas une seconde à le contredire.

– D'accord, mais pas de bêtises, hein ? Vous laissez la porte ouverte... Kenny, je te rappelle que tu es en liberté surveillée !

Il n'est donc pas interdit d'aller discuter à un autre étage, même quand les anim' sont présents. Voilà qui est intéressant.

Kenny s'étale de tout son long sur le lit de Claire. Jordane, qui s'est installée sur le sien après avoir baissé la musique, l'observe en silence pendant qu'elle entreprend de se tresser les cheveux en deux nattes symétriques mêlées de fils argentés.

– C'est mignon chez vous ! C'est gentil de m'accueillir... Et vous savez quoi ? J'ai apporté l'apéro...

Kenny a un truc dans le regard : il parvient à sourire avec les yeux. Il sort de sous son sweat trois bouteilles de bière aromatisée à la tequila.

– On n'a rien pour les ouvrir ! objecté-je, un peu effrayée, mais me retenant de faire remarquer que c'est forcément interdit – je ne tiens pas à me faire traiter de gamine une nouvelle fois.

– T'inquiète, poulette ! Avec ça, on y arrive, dit-il en sortant un briquet de sa poche.

Il décapsule les bouteilles, nous trinquons sans faire de bruit et buvons une première gorgée. Je ne raffole pas de la bière, mais je dois reconnaître que celle-ci a bon goût.

Je m'assois en face de Kenny, sur le lit de Jordane. Celle-ci continue à tresser ses cheveux tout en descendant sa bière à une vitesse qui m'impressionne.

– Je vais descendre voir César, annonce-t-elle après avoir terminé ses tresses, et sa bouteille.

– Ma parole, t'es une vraie soiffarde ! commente Kenny. C'est bien, moi j'aime les femmes qui boivent.

Je trouve la situation amusante. Kenny a le don de détendre l'atmosphère, et il est drôle. Et puis, les quelques gorgées de bière que j'ai bues me donnent l'impression d'être plus légère, comme si je flottais. Jordane, elle, semble parfaitement normale en dépit des 33 centilitres qui ont rejoint son estomac.

– Merci pour la bière, et à tout' !

Nous restons tous les deux, mais ça ne m'inquiète pas. Je suis à l'aise en compagnie de Kenny. La bière m'enhardit même.

– Dis-moi, à quoi tu joues, à fumer dans tous les endroits possibles pour te faire prendre ?

J'ai un flash : et si Kenny cherchait à se faire renvoyer d'ici pour attirer l'attention de sa mère ? Et s'il cherchait d'une certaine manière à la punir, comme elle-même selon ses dires le fait en l'envoyant en colo ?

– J'en ai rien à foutre. Ils peuvent me virer s'ils veulent, franchement, ça me fera ni chaud ni froid. Max m'a mis un avertissement, mais Cédric était bien content.

– Pourquoi ?

– C'est lui qu'a récupéré mon shit ! Et tu sais quoi ? Je me suis relevé cette nuit, je suis allé fumer une clope en bas, et je l'ai vu avec Savine. Ça m'étonnerait que mon truc ait été perdu pour tout le monde !

– Sérieusement ? Mais... ils peuvent pas faire ça !

– Ils peuvent faire ce qu'ils veulent ! Ils confisquent, ils punissent... Ils sont responsables de nous, ils l'ont bien expliqué ! Enfin, si tu t'inquiètes pour moi, je te rassure : j'en ai gardé en réserve.

Donc tous les grands principes d'hier matin sur l'autorité et la loi... du vent ? À moins que la colère de Kenny ne lui fasse imaginer n'importe quoi... Je penche plutôt pour cette deuxième possibilité. J'en oublie de relever que l'imprévisible Kenny est capable de sortir de son lit en pleine nuit pour aller fumer dans le froid en pyjama.

– Alors Savine aussi, elle fume ?

– Elle fait plus que ça, ma vieille !

– C'est-à-dire ?

– Cédric et elle, ils se roulaient des grosses pelles...

– Quoi ? Cédric avec Savine ? répliqué-je, incrédule – et un peu trop fort.

– Oui ? répond celle-ci depuis le couloir.

– Merde, les bières ! réagit Kenny aussitôt. Vite, dans l'armoire !

En deux temps, trois mouvements, les bouteilles ont rejoint mes pulls.

– Tu m'as appelée ? me demande l'anim' en entrant dans la chambre.

– Non, non, on parlait de toi, c'est tout.

– En bien, j'espère ? rigole Savine, qui a visiblement retrouvé le sourire en voyant que Kenny n'était pas monté pour mettre le bazar.

– On parlait de toi *et de Cédric*, précise Kenny en lui coulant un regard en coin.

Le sourire de Savine se fige instantanément.

– Ce que font les animateurs quand les *enfants* sont couchés ne regarde qu'eux, rétorque Savine et appuyant sur le mot « enfants ». Ça sent bizarre ici, non ? Vous faisiez quoi ?

– Rien, on discutait...

Je sens que la culpabilité s'affiche sur mon front.

– Laisse tomber, c'est moi, fait Kenny. Les mecs de la zone, ça pue, tout le monde sait ça !

La remarque me met un peu mal à l'aise.

– Mouais, répond Savine en s'en allant, l'air pas tout à fait convaincu.

Ouf ! Je respire à nouveau.

Nous passons en revue tous les gens du groupe. Nous nous arrêtons sur chacun, lâchons un commentaire, une mauvaise blague, un compliment. En fait, Kenny est comme moi : il observe. Je pensais que cette activité était réservée aux solitaires et aux silencieux, je découvre qu'elle peut aussi être pratiquée par ceux qui se mettent en avant. J'avais raison de penser qu'il n'était pas bête. Et il me surprend une nouvelle fois en sortant de sa poche... son portable. Je suis moins étonnée de découvrir qu'il est venu avec son téléphone que de constater qu'il a réussi à le garder jusqu'ici sans se faire repérer.

– Qu'est-ce qu'on va faire des bouteilles vides ? m'inquiété-je une fois nos bières terminées.

– Suis-moi.

D'un geste, Kenny ouvre la porte-fenêtre qui donne sur le petit balcon, sa bouteille dans une main, celle de Jordane dans l'autre.

– Prête ?

Il jette la première le plus loin possible. Elle s'enfonce, droite, dans l'étendue neigeuse, où elle disparaît complètement.

– À toi.

Je l'imite. Évidemment, ma bière atterrit bien moins loin.

– Et de trois, déclare Kenny en lançant la dernière. Tu sais le plus drôle ? poursuit-il en refermant la fenêtre. Au printemps, quand la neige va fondre, il y aura un champ de bouteilles de bière vides...

On rigole un moment en imaginant le résultat. Je n'arrive même pas à avoir mauvaise conscience.

Je crois que Kenny n'a aucune vue sur moi. Il m'apprécie, simplement, je ne sais d'ailleurs pas trop pourquoi, et préfère venir m'offrir une bière et papoter que rester à l'étage des garçons. J'en suis flattée, et en même temps presque déçue : plus ça va, plus je me dis que j'aimerais bien qu'il tente une approche. Juste pour le principe. Et aussi pour me rassurer : histoire d'être sûre qu'il ne me trouve pas repoussante.

Voilà ce à quoi je pense en cherchant le sommeil. Mes réflexions rebondissent sur les aspérités du plafond. Chez moi, j'ai collé des étoiles phosphorescentes de différentes tailles un peu partout. Quand j'éteins, ma chambre ressemble à un planétarium ; pour un peu, je me croirais sur la plage par une belle nuit d'été. Et ici, comment est le ciel ? Mon lit est le plus proche de la fenêtre, et il n'y a pas de volets. Je me penche et j'écarte doucement le rideau. À la montagne, la nuit, il fait vraiment nuit. La lune brille, et son éclat donne une teinte mauve à la neige des sommets qui se détachent sur le noir du ciel. Les étoiles, il y en a, et elles se comptent par dizaines. Je reste un moment immobile à observer ce spectacle comme un tableau. C'est magnifique.

Je perçois un mouvement. Dans le lit du dessous, Jordane fait comme moi. Nous partageons en silence la beauté de ce que nous voyons, comme si c'était notre trésor.

Je laisse enfin le rideau retomber dans sa position initiale.

Quand je ferme les yeux, les étoiles sont encore là, sous mes paupières. Exactement comme à la maison.

Sauf que je ne suis pas à la maison, et qu'il me reste encore cinq jours entiers à passer dans cet endroit génial.

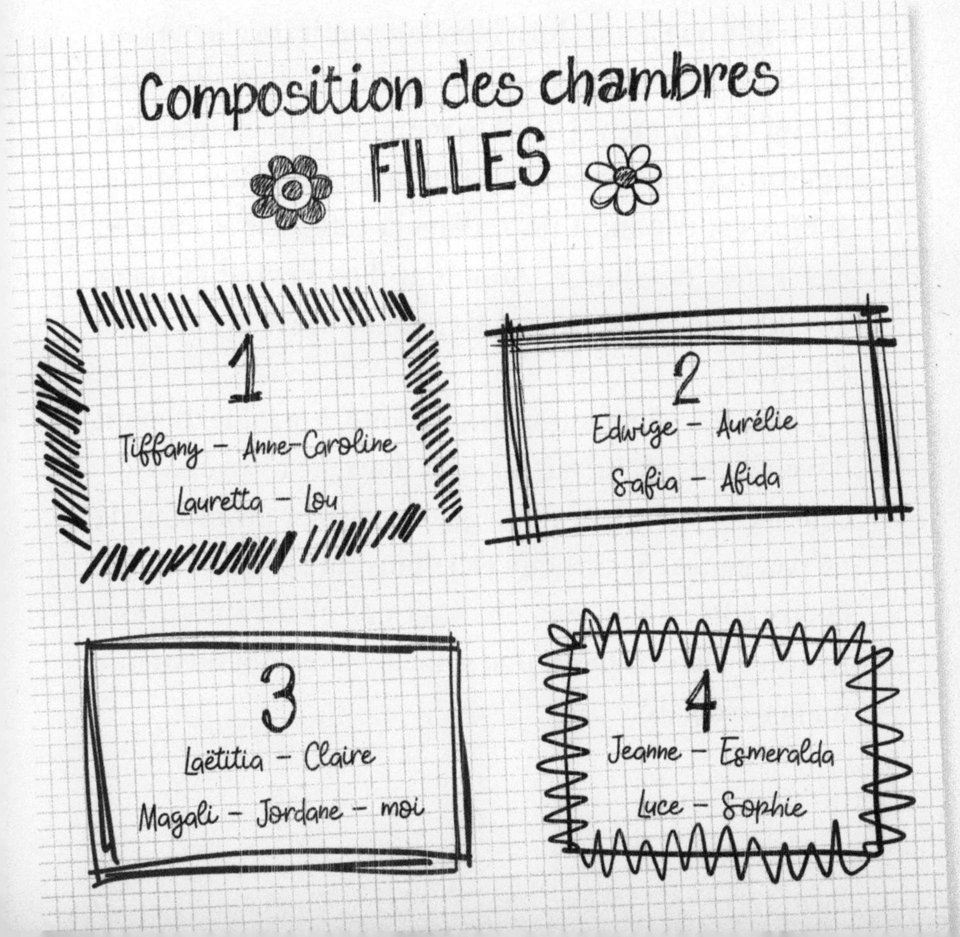

Mardi 21 février

Depuis que Jonas lui a bien fait sentir qu'elle ne l'intéressait pas, Anne-Caroline tourne autour de Max, l'anim'. Carrément ! Tout le monde sait bien que c'est interdit qu'un animateur sorte avec un colon. Même si Max est canon, il reste dans la catégorie « idole », pas « mec possible ». Anne-Caroline devrait changer de cible sans attendre si elle veut se caser avant la fin du séjour.

Ce matin, elle est assise à sa droite, à la table du petit déjeuner, et elle lui fait les yeux doux. Je trouve ça ridicule ! Observer son manège me permet au moins de ne pas penser à Anthony et Tiffany, qui se bécotent de l'autre côté. Entre eux, on dirait que c'est l'amour fou. Ils ne se lâchent pas d'une semelle. C'est quand même un peu exagéré.

– Tu crois qu'ils l'ont fait ? demandé-je à Jordane.

Ni elle ni moi ne connaissons la chose, mais Jordane, qui a déjà eu plusieurs petits copains depuis la sixième, semble plus avancée que moi. *Sur ce sujet-là aussi, donc,* ne puis-je m'empêcher de constater.

– Je sais pas. C'est pas évident, entre les anim' et les chambres à quatre...

– Peut-être qu'eux aussi sont montés sur le toit ? lancé-je avec un clin d'œil.

– Ça m'étonnerait. On avait laissé des repères dimanche, et ils y étaient encore hier.

J'ouvre de grands yeux.

– Tu veux dire que tu y es retournée avec César hier soir ?

Justement, César est assis à la table juste derrière nous, et il couve ma camarade de chambre du regard. Ou plutôt, comme Jordane lui tourne le dos, il couve du regard son pull coccinelle, que Jordane a ressorti aujourd'hui.

– Ben oui. C'est le seul endroit où on peut être tranquilles.

– Tranquilles *tranquilles* ?

– Comment ça ?

– Je veux dire... Est-ce que toi et César...

– T'es folle !

Ouf, je suis rassurée. Je sais ce qu'elle va me dire : quatorze ans, c'est bien trop jeune, on ne fait pas un truc aussi important avec un mec rencontré en colo, et puis elle ne connaît César que depuis deux jours... Jordane est une fille raisonnable.

– Les couvertures, poursuit-elle, c'est à peine suffisant quand on est habillés, alors on va pas en plus se foutre à poil !

Je suis bien contente que Kenny soit dans mon groupe de ski. Il tombe toujours autant, prend toutes les bosses, mange de la poudreuse à chaque fois ou presque, mais ce n'est plus moi qu'il fait tomber, jamais. Tous les autres y ont eu droit, même Cédric, qui nous accompagne aujourd'hui encore. Quand j'ai chuté, au beau milieu d'un schuss mémorable et sous un tonnerre d'applaudissements, déchaussant, perdant mon masque et mes bâtons, c'est lui qui a fait marche arrière pour m'aider à me relever et à récupérer mes skis.

Au détour d'une piste, en fin de matinée, notre groupe croise celui des surfeurs. Je fais mine d'enlever la neige accumulée dans mes fixations pour mieux les observer. Anthony fonce (dois-je préciser que son style est parfait ?), Tiffany à ses trousses. Il s'arrête dans un dérapage totalement maîtrisé. C'est bien simple : on croirait qu'il est né avec une planche aux pieds. Tiffany le rejoint et l'embrasse à pleine bouche. Je fronce le nez en pensant au stick rose brillant dont elle se tartine les lèvres dès qu'elle a un moment.

Un peu plus haut, Jordane et César surfent en cadence. Ils descendent au même rythme, se croisant et se recroisant, entremêlant leurs traces. D'ici, on dirait une sorte de danse. Je note que Jordane se débrouille très bien. Tous, en fait, ont plutôt belle allure. Personne ne semble s'être vautré dans la neige comme le fait systématiquement au moins une personne de mon groupe à chaque piste.

La grande différence entre nos deux groupes, c'est qu'il n'y a pas de petits chez les snowboardeurs.

Peut-être que je devrais me mettre au snow ?

– Marion, qu'est-ce que tu fous ? hurle Kenny d'en bas.

– Tu as un problème ? demande Jean-Guy.

– Tout va bien, j'arrive !

Dans les Pyrénées, le centre était en bas, dans la vallée. On prenait chaque matin le car, et on mangeait chaque midi dans un réfectoire de la station. Ici, comme les Trois Sapins sont vraiment juste à côté des pistes, on rentre déjeuner au Sapin blanc, ce qui est beaucoup plus sympa et nous permet de faire une vraie coupure, sans compter que cela m'évite d'implorer mon estomac de rester bien accroché deux fois par jour : lui aussi est en vacances pour de bon !

Le temps a complètement changé pendant la pause-déjeuner. Le ciel est blanc et cotonneux, si bien que la neige et les nuages se confondent. C'est comme si le couvercle descendait à mesure que les minutes passent. Bientôt, nous évoluons dans un épais brouillard. On n'y voit pas à dix mètres.

– Ça ne sert à rien de continuer dans ces conditions, déclare Jean-Guy après nous avoir regroupés, on va redescendre tranquillement à la station. Vous allez former une chaîne, de façon que chacun voie toujours celui qui skie devant lui. La difficulté est de garder une distance raisonnable et une allure constante afin d'être toujours suffisamment près pour voir celui de devant sans risquer de le faire tomber. Pas question de faire les fous, d'accord ?

Comme par hasard, c'est vers Kenny qu'il se tourne.

– Eh ! mais quand je tombe, vous croyez que je le fais exprès ou quoi ? se défend celui-ci.

– Si jamais quelqu'un chute ou a un problème, il crie « Stop ! », celui qui le suit crie « Stop ! » aussi. Et quand on entend « Stop ! », on répète « Stop ! » et on s'arrête. C'est compris ?

– Oui ! répondons-nous en chœur.

– Bien. Cédric, tu fermes la marche ?

– Pas de problème ! assure Cédric.

Mon regard sur Cédric a changé depuis ce que m'a raconté Kenny. Je ne cesse de l'imaginer avec Savine. Ça me le rend plus sympathique et, en même temps, c'est comme si je le prenais moins au sérieux. Comme si ce secret me donnait un certain pouvoir sur lui.

Son « Pas de problème ! » ne sonne pas si juste, d'ailleurs. Je me demande s'il est si rassuré que ça. S'il tombe, lui, personne ne s'en rendra compte, et il est loin d'être le plus doué en ski.

Je fais partie des derniers à m'élancer. Je reste concentrée sur la personne devant moi, Benjamin, et sur le parallélisme de mes skis. Le moindre dérapage peut être fatal, et je ne tiens pas à être celle qui aura dit « Stop ! » la première.

Notre équipe arrive en bas de la piste sans encombre.

– Parfait ! Tout le monde est là ? demande Jean-Guy.

– Oui ! clamons-nous d'une seule voix.

Je ne suis pas fâchée de m'arrêter là pour aujourd'hui. On ne voit pas plus loin que le bout de ses skis, et skier à l'aveuglette, ou presque, n'a rien d'amusant.

– Non, attendez, il manque Kenny ! remarque Jean-Guy, qui a remonté la colonne que nous formons pour nous compter.

C'est vrai : pas trace de Kenny alentour. Voilà pourquoi le groupe me paraissait bien calme...

– Et Amaury aussi ! complète Cédric, après nous avoir comptés dans l'autre sens.

– Qui parmi vous suivait Kenny ? Qui suivait Amaury ? interroge Jean-Guy.

Personne ne bronche.

– Qui suivait Kenny et Amaury ? répète Jean-Guy. Vous êtes inconscients ou quoi ? Si vos petits copains sont coincés là-haut, il va falloir qu'on aille les chercher. Et pour ça, il faut qu'on sache à quel moment ils sont sortis de la file ! Alors ?

À côté de moi, Safia gratte nerveusement le zip de sa combinaison avec son gant.

– Moi... moi je suivais Kenny, fait-elle timidement.

– Ah ben c'est pas trop tôt ! Tu l'as vu s'éloigner ? Et Amaury ?

– Je crois que c'est Kenny, justement, qui était derrière Amaury, intervient Cédric.

– Je n'ai pas arrêté de fixer la veste noire de Kenny, pourtant...

Safia plaide sa cause comme si on venait de l'accuser d'avoir poussé Kenny et Amaury dans une crevasse.

– Et tu es arrivée derrière Tony, applaudit Jean-Guy.

Tony porte une veste bleu marine. Très foncée. Presque noire. Sauf qu'il n'a pas exactement la même corpulence que Kenny. Mais est-ce bien le moment d'engueuler Safia ?

– On ne peut pas rester là ! s'exclame Cédric. Je vais prévenir les pisteurs. À quelle heure est-ce que les dameuses se mettent en route ?

Les dameuses ! Je les avais oubliées, celles-là. Kenny et Amaury vont mourir écrasés au milieu d'une piste...

– Pas avant que la nuit tombe, répond Jean-Guy en farfouillant dans la poche intérieure de son blouson rouge et blanc.

La nuit... Kenny et Amaury vont mourir de froid à quelques mètres des chalets de la station !

– Je vais appeler le centre, renchérit Cédric, qui paraît de plus en plus paniqué.

Le cri d'un oiseau se fait soudain entendre. Un cri puissant et inquiétant. Qu'est-ce que ça peut bien être ? Un vautour ? Un aigle ? Kenny et Amaury vont mourir dépecés en bas d'une falaise !

C'est fou le nombre de dangers qu'il y a, en fait, à la montagne. Les parents sont complètement irresponsables de nous y envoyer.

Je jette un regard désespéré vers le haut de la piste. Tiens, ces formes sombres n'étaient pas là il y a seulement...

– Ils sont là !

J'ai hurlé. Et c'est la vérité : deux silhouettes percent le brouillard, une grande et une plus petite, et se détachent de plus en plus nettement. Ils vont très lentement. Je reconnais d'abord Amaury, puis Kenny qui le suit.

– Tout va bien ? s'inquiète Jean-Guy en avançant à leur rencontre, tandis que Cédric lâche un lourd soupir de soulagement.

– Presque, fait Kenny.

En rentrant aux Trois Sapins, Kenny me raconte qu'il a vu Amaury glisser sur une plaque de verglas et tomber.

– Pourquoi est-ce qu'il n'a pas crié « Stop ! » ? demandé-je, comme si je pouvais réécrire l'histoire.

– Il avait trop mal. Sa cheville était tordue.

– Et toi ? Pourquoi tu ne l'as pas dit ?

– Je sais pas. Pas eu le réflexe. Je n'ai pensé qu'à aider Amaury. Quand j'ai compris qu'on aurait dû signaler notre arrêt, j'ai regardé autour de nous, mais il n'y avait plus personne depuis longtemps.

Kenny sait que, pour une fois, il ne se fera pas engueuler ; mais il ne fait pas trop le fier non plus.

Je le taquine.

– T'es une sorte de héros, alors ?

– Mouais, grommelle-t-il sans sourire.

Les anim' ont installé d'autres enceintes dans la salle de jeux du Sapin bleu. Avant le dîner, Jordane me propose d'y descendre. C'est le moment de la journée où je me sens le plus à mon avantage : débarrassée des couches épaisses qui me font ressembler à un Bonhomme Michelin, lavée des efforts de la journée par la chaleur de la douche réconfortante, coiffée et vêtue d'habits à la bonne longueur et propres (ce qui n'est pas le cas de Jordane, qui a remis son sweat moutarde – elle n'a rien apporté d'autre ou quoi ?), je suis prête pour toutes les aventures que promet la soirée.

Anthony a mis le dernier album de Fauve. La chanson *Haut les cœurs* commence en version *live*. Anthony se lève d'un bond et monte sur la table. Il fait comme s'il avait une guitare entre les mains et chante les paroles en play-back. Jonas le rejoint et fait de même. Les autres se rapprochent d'eux, Jordane et moi les imitons. Les garçons font le show, avec un tel sérieux que personne n'ose se moquer. En fait, ils font ça très bien. L'espace d'un instant, je crois avoir devant moi deux des membres du groupe. De vrais pros du *air guitar*, au moins.

Tiffany et Anne-Caroline débarquent à ce moment précis. Forcément, qui dit chanteurs, dit groupies...

Ça m'énerve. Elles reprennent en chœur « Haut les cœurs, haut les cœurs, on peut encore se parler, se toucher, se voir... », en secouant leurs cheveux et en prenant des mines inspirées. Elles parviennent à me gâcher la chanson. Elles ne doivent même pas comprendre le quart de la portée politique de ces paroles, qui évoquent les inquiétudes de toute une génération ;

elles feraient sûrement exactement pareil si les garçons avaient mimé *la Danse des canards*. Il s'agit pourtant d'un propos sérieux, et qui nous concerne... Et voilà Tiffany qui monte à son tour sur la table pour embrasser Anthony... Elle ne voudrait pas lui lancer une petite culotte, tant qu'on y est ?

– Ça fait plaisir de voir qu'il y a des fans ici ! dit Jonas en passant entre Jordane et moi, laissant Tiffany et Anthony se donner en spectacle.

J'ai un doute : à qui s'est-il adressé ?

HAUT LES CŒURS
(Fauve, 2016)

Tu vois, moi aussi, j'ai peur.
J'ai peur en permanence qu'on
m'annonce une catastrophe
Ou qu'on m'appelle des urgences
Mais on a la chance d'être
ensemble, tous les deux.
De s'être trouvés, c'est déjà prodigieux.
Alors,
Haut les coeurs, haut les coeurs,
On peut encore se parler, se toucher, se voir.

Haut les coeurs, haut les coeurs,
haut les coeurs
Il faut se dire des belles choses,
Qu'on gardera pour plus tard.
Haut les coeurs, haut les coeurs,
On peut encore se parler, se toucher, se voir.
Haut les coeurs, haut les coeurs,
haut les coeurs
Approche-toi de moi, serre-moi fort,
Avant qu'on se sépare, avant qu'on se sépare.

Tiffany s'accroche au bras d'Anthony en se dirigeant vers le Sapin blanc pour manger. Elle en fait des tonnes... Ça m'agace tellement que je décide de ne plus les regarder. Au réfectoire, je parviens même à convaincre Jordane et César de s'installer le plus loin possible d'eux.

Pour la soirée, deux options sont possibles : soit une randonnée à raquettes avec des lampes frontales, soit un film culte (*Astérix & Obélix : Mission Cléopâtre,* que j'ai déjà vu dix fois, sera projeté dans le réfectoire). Malgré la perspective de profiter longuement de la vue du ciel étoilé, je n'ai aucune envie de remettre ma tenue de ski et de ressortir dans le froid, sans compter le risque élevé que la rando se termine en bataille de boules de neige géante. Et puis, il sera toujours plus facile de s'échapper pour aller discuter dans la chambre si on reste dans le coin.

– *Mission Cléopâtre,* c'est cool ! m'exclamé-je à l'attention de Jordane.

– Moi, je fais la rando avec César.

Un instant, je songe à revenir sur ma décision, ne serait-ce que pour ne pas rester seule, mais c'est avec César que Jordane veut passer du temps, pas avec moi. Autant que je les laisse tous les deux.

– Chacun son César, alors ! dis-je, en pensant au rôle d'empereur tenu par Alain Chabat.

Je suis satisfaite de ma blague, qui masque parfaitement ma déception. Je me prends au jeu du film, que je regarde en intégralité avec autant de plaisir que les fois précédentes. J'avais espéré que Kenny resterait également, j'imaginais déjà les blagues qu'il pourrait faire devant certaines scènes, mais lui aussi a choisi les raquettes. Il n'y a que Jonas avec qui je pourrais éventuellement partager les vannes de Jamel Debbouze, sauf qu'il s'est assis juste derrière moi, et que je n'ose pas me retourner.

Quant à Anthony, il a disparu avec Tiffany dès la fin du dîner, et je préfère ne pas savoir où ils sont ni ce qu'ils sont en train de faire.

En rentrant au Sapin bleu, je discute avec Claire. Elle me raconte qu'elle aimerait bien sortir avec Benjamin avant la fin du séjour. Je lui souhaite bonne chance.

C'est moi qui suis en retard ou c'est les petits qui sont en avance ? Claire a seulement onze ans ! Question relations amoureuses, j'ai l'impression d'avoir loupé le coche. Jamais je n'oserais avouer aussi facilement à quelqu'un d'autre qu'un mec me plaît, sauf si le quelqu'un est un ami, évidemment.

Une fois dans la chambre, Claire me demande de lui raconter la première fois que je suis sortie avec un garçon. Elle a un pyjama un peu masculin, pantalon et chemise à carreaux bleus et blancs, qui lui va super-bien. Je me sens vaguement ridicule dans ma chemise de nuit décorée de muffins de toutes les couleurs.

– T'as pas des conseils à me donner ? m'interroge-t-elle.

Je botte en touche. Je n'ose pas lui dire que je n'ai embrassé que Grégory, dans un espace-temps qui en cet instant me paraît ultra-lointain...

– C'est chaque fois différent, tu sais... Ce qui compte, c'est d'être naturelle...

– Mouais. En gros, tu préfères garder ce que tu sais pour toi, c'est ça ? Sympa, la fille.

Je suis nulle, franchement nulle.

Mercredi 22 février

La première pensée qui m'envahit au réveil, c'est le collège. Julia ! C'est aujourd'hui ! J'ai failli l'oublier ! Voilà ce qui se passe quand on est privé de téléphone...

Je n'ai plus du tout envie d'y aller. Non pas que je n'aie plus envie de la voir, mais l'idée de quitter le centre et tout le groupe pendant un moment ne me réjouit absolument pas. Quelle idiote j'ai été d'accepter ! Est-il encore temps d'annuler ?

Non, évidemment. À cause de cette fichue interdiction, je n'ai aucun moyen de la joindre. Tout à l'heure elle sera là, avec ses parents. Et ça me déprime d'autant plus que Max vient d'annoncer la couleur : ce soir, après le ski, c'est ping-pong et crêpes party.

Il n'y a qu'à Jordane que j'en ai parlé.

– Tu as de la chance, m'a-t-elle répondu.

Oh, non ! Je ne me trouve pas du tout chanceuse, sur ce coup-là. Mais comment lui expliquer que ma vraie vie – et tout ce qui en fait partie – me paraît à présent bien moins palpitante que ce qui se passe ici depuis trois jours ?

Avant le petit déjeuner, Claire avoue à Magali et à Laëtitia son coup de cœur pour Benjamin, et son plan d'attaque. C'est fou comme une chambre, même occupée par cinq filles d'âges différents et qui ne se connaissaient pas quatre jours auparavant, est propice aux confidences dès que la porte est fermée.

Magali déclare quant à elle qu'un petit ami l'attend au collège. Je ne parviens pas à savoir si elle dit la vérité ou si c'est le moyen qu'elle a trouvé pour qu'on ne la titille pas avec ça.

Je m'aperçois que Jordane se montre très discrète au sujet de César.

« Pour vivre heureux, vivons cachés », dit-on. Qui sait de quelle façon leur histoire a progressé pendant la balade à raquettes...

De mon côté, je m'abstiens de tout commentaire.

– Moi, je trouve que je suis trop jeune pour tomber amoureuse ! affirme Laëtitia.

On toque à la porte.

– Entrez !

Le visage de Cédric apparaît.

– Vous êtes prêtes, les filles ? Les lits sont faits ? On peut descendre au petit déjeuner ?

Son regard scanne la pièce ; il semble satisfait.

– Et fais gaffe, Laëtitia, avertit-il. L'amour peut te tomber dessus n'importe où et n'importe quand, tu ne choisis pas !

Il s'en va après nous avoir adressé un clin d'œil appuyé.

Le message m'est-il destiné ? En tout cas, il me parle : quand je vois à quel point j'idolâtrais Grégory, dont le souvenir était supposé m'accompagner pendant tout le séjour, et à quelle vitesse il s'est trouvé relégué au fin fond de ma mémoire... C'est bien simple : Anthony m'est tombé dessus sans que je m'y attende. Effectivement, je n'ai pas choisi. Et si mon histoire avec Grégory était en réalité bel et bien terminée ?

Laëtitia passe la tête dans le couloir et crie à l'intention de Cédric :

– C'est pas bien d'écouter aux portes !

Il a beau faire un temps très correct, j'ai beau ne pas tomber une seule fois et échanger des propos complices avec Kenny sur les pistes (Amaury n'est pas là, il est resté à l'infirmerie pour la journée, le temps que sa cheville aille mieux), on a beau nous servir un délicieux petit salé aux lentilles au déjeuner, la perspective de m'éloigner des Trois Sapins me gâche presque la journée, et m'empêche aussi de profiter pleinement du début de la crêpes party.

Ça se passe dans la salle du bas. Il y a deux tables de ping-pong, l'une à laquelle est organisé le défi – tous ceux qui le souhaitent s'affrontent, les points sont inscrits au tableau, le but étant d'avoir un grand gagnant –, l'autre pour faire une tournante en attendant le goûter.

Savine est préposée aux crêpes avec Cédric. À lui la confection, à elle le garnissage. Du véritable travail à la chaîne ! Très vite, la grande pièce s'emplit d'une délicieuse odeur. Une crêpe tiède fourrée à la pâte à tartiner et un verre de jus de pomme après une journée passée sur les pistes, je ne connais rien de meilleur. Sur l'invitation de Jonas, qui me tend une raquette, je participe à la tournante (pour une fois que j'ai l'occasion de montrer mes talents dans un sport dans lequel je me débrouille !), puis Gwenaëlle vient me chercher à l'instant précis où Kenny mord dans sa crêpe, dans laquelle il a glissé trois balles de ping-pong, qui jaillissent en éclaboussant de compote les colons les plus proches.

– Je t'accompagne, tu vas prendre ta douche pour être prête à temps.

Je quitte à regret la salle d'animation au moment où Cédric bondit sur Kenny.

Non seulement ma sortie ne m'amuse pas, mais en plus elle demande une organisation particulière de la part des animateurs : je ne peux aller seule à l'étage, au cas où je glisserais dans la douche. Gwenaëlle, qui encadre les petits, est chargée de me surveiller. Je crois que c'est la toute première fois que je lui parle. Du coup, nous n'avons pas grand-chose à nous dire.

– C'est qui, cette copine que tu vas voir tout à l'heure ? me demande-t-elle dans l'escalier.

– Une fille de ma classe, réponds-je en feignant un minimum d'enthousiasme.

– Tu dois être contente de retrouver une amie ici !

J'imagine que Gwenaëlle n'est pas forcément ravie d'être ainsi réquisitionnée ; je ne peux pas en plus lui dire que je n'ai pas vraiment envie d'y aller…

À l'heure pile, Julia arrive, avec son père. Elle a l'air emballée de me voir. Elle porte un jean classique et un gros anorak bleu, mais tous ses accessoires sont assortis : son écharpe, ses gants, son bonnet et même ses après-skis sont d'un violet éclatant. Je me demande si elle fait toujours aussi attention ou si c'est exprès pour moi.

– On va à la Grotte du Yéti, les filles ? propose son père.

Nous acceptons en chœur. Après tout, n'est-ce pas pour ça que nous sommes là ?

Nous marchons jusqu'au centre de la station. J'ai froid, et je comprends vite pourquoi : je n'ai pas eu le temps de me sécher les cheveux. Savine est intraitable avec ça, mais là, dans la précipitation, je n'y ai plus pensé, et Gwenaëlle n'a rien remarqué non plus... Et je n'ai évidemment pas pris mon bonnet : je le mets dans ma valise chaque année, mais c'est surtout pour faire plaisir à ma mère. Je ne le sors qu'en cas de tempête de neige. Je déteste avoir quoi que ce soit sur la tête.

En chemin, Julia me raconte son début de semaine : elle me détaille les pistes et les remontées (« On a fait la Route du Col, et les Chardons, mais ma préférée, c'est la Lauzière... »), l'aménagement du studio-cabine que ses parents ont loué, le lit superposé qu'elle occupe avec son frère dans l'entrée, la fondue savoyarde qu'ils ont mangée hier soir...

Je ne l'écoute qu'à moitié.

– Et toi, comment ça se passe, la colo ?

Comment lui dire que le ski, pour moi, n'est qu'accessoire ? Comment lui dire qu'en seulement quatre jours je me suis découvert une amie, des potes, un univers incroyable, presque une famille ? Les sports d'hiver avec les parents, je ne sais pas ce que c'est. La fondue, je n'en mange qu'à la maison ; en groupe, ça tournerait trop vite à la catastrophe façon *Les bronzés font du ski* (Kenny est vraiment du genre à mettre du fil dentaire dans le fromage fondu). Montagne a toujours rimé pour moi avec colo, voyage en car, douches communes et boum le dernier soir.

J'hésite à lui parler de Jordane, de Kenny, d'Anthony et de Jonas, de ces pétasses de Tiffany et d'Anne-Caroline, de Max, de Cédric et de Savine, que j'adore...

En fait, Julia ne comprendrait pas. Qu'il se soit passé autant de choses en si peu de temps lui paraîtrait sans doute impossible. Pire, elle ne mérite pas que je partage avec elle ces rencontres, ces événements, ces émotions. Les gens des Trois Sapins, colons comme anim', les sentiments qu'ils me procurent, de l'amitié de Jordane ou de Kenny aux palpitations que me fait ressentir Anthony, sont bien trop précieux pour que je les décrive à n'importe qui. J'aurais l'impression de jeter de la poudre d'or au vent.

– Franchement, c'est cool. Y a une bonne ambiance. On a aussi fait la Lauzière, plusieurs fois même, mais je crois qu'à choisir je préfère encore la Route du Col...

– Et c'est pas trop dur sans portable ? Moi, je pourrais pas, dit Julia en me montrant le fond d'écran qu'elle vient de télécharger.

– Ben, en fait... non. Ça laisse plus de temps pour le reste.

– Quoi, par exemple ?

– Tout. Je sais pas. Les autres. La vie...

Julia hausse les épaules. Je n'ai même plus envie de lui réclamer son portable pour écrire à Charlotte.

Nous pénétrons dans la Grotte du Yéti, un bar décoré à la savoyarde avec plein d'objets typiques suspendus au plafond. La mère et le frère de Julia, Rodolphe, y sont déjà attablés. Il y a tellement de monde dans la salle que les vitres sont tout embuées.

– Ma parole, tes cheveux sont gelés ! me dit la mère de Julia en m'embrassant.

Je les touche : c'est vrai, c'est comme si mon crâne était entièrement recouvert de stalactites. Je me décale un peu pour me regarder dans la glace ornée d'un chamois en bois : j'ai l'air d'un porc-épic qui se serait égaré sur la banquise. Bon, avec la chaleur qu'il fait ici, je devrais vite retrouver apparence humaine.

Julia commande un Coca et moi un chocolat pour me réchauffer, tandis que son père déploie le plan des pistes. Je garde les mains collées à la tasse fumante de longues minutes. On parle ski, ski et encore ski. Le père de Julia s'étonne qu'on ne se soit pas croisés dans la file d'attente des remontées mécaniques, sa mère me pose des questions sur l'organisation du centre et les activités... et il est déjà l'heure de rentrer : le père de Julia a promis de me ramener avant 19 h 30.

Nous nous quittons avec effusion. Pour Julia, pas de doute, cette rencontre en dehors du cadre du collège nous a rapprochées. Je sens déjà qu'elle va me coller à la rentrée. Moi, je respire enfin : me voici de retour aux Trois Sapins, mes vacances peuvent reprendre normalement, et le monde extérieur ne devrait plus faire incursion dans cet environnement clos et protégé jusqu'à la fin du séjour. Et tant pis si mes cheveux sont redevenus des stalactites sur le trajet du retour.

Au dîner, je n'ai absolument pas faim. Je mets ça sur le compte des crêpes de tout à l'heure et du chocolat chaud, et je me contente de siroter lentement la soupe que l'on nous sert systématiquement en début de repas. Je ne pense même pas à demander qui a remporté le tournoi de ping-pong.

– Tu as loupé une scène digne d'Hollywood, m'annonce Jordane. Pendant la crêpes party, Anthony et Tiffany ont rompu.

Je manque de recracher ma cuillerée de potage aux légumes.

– Quoi ?

Je suis dégoûtée. Il suffit que je m'absente deux heures pour qu'il se passe un truc important. C'est vrai que, contrairement à leur habitude, ils sont assis à des tables différentes – je le remarque seulement –, Tiffany, les yeux rouges, avec Anne-Caroline et Anthony avec Jonas, évidemment.

– Qui a cassé ? m'enquiers-je.

– Ce n'est pas très clair... Tiffany a reproché à Anthony de ne pas assez s'intéresser à elle, Anthony lui a dit qu'il était là avant tout pour profiter de ses vacances... Le ton est monté, Tiffany est partie pleurer à l'étage des filles...

Jordane a beau me donner un maximum de détails, je suis hyper-frustrée. Je me rends compte que c'est à Julia, qui n'y est pourtant pour rien, que j'en veux.

– J'aurais trop voulu être là !

– Et pendant les douches, elle a continué sa comédie, elle jouait les éplorées. Anne-Caroline l'a consolée, d'autres filles aussi. Même Savine y est allée de ses paroles réconfortantes… « Et gna gna gna, c'est pas grave ma chérie, et gna gna gna, tu en trouveras un autre… » Du cinéma, je te dis !

– Anthony a l'air de plutôt bien le prendre, en revanche…

– Oui. En fait, on dirait même qu'il s'en fiche…

– Pas trop tôt ! Il est enfin revenu à la raison !

Je me réjouirais davantage de la situation si je n'avais pas cette gêne dans l'estomac. C'est comme une boule qui me pèse. Et je commence à avoir mal à la tête…

De retour au Sapin bleu, je me précipite à l'étage et, à mon grand désespoir, je vomis la soupe et le peu que j'avais réussi à avaler ensuite. Je suis en sueur.

– Qu'est-ce qui se passe, ma belle ? me demande Savine venue à mon secours, flottant dans une large tunique à motifs indiens de toutes les couleurs qu'elle a passée sur un pull à col roulé noir.

Je lui décris ce que je ressens comme je peux. Elle plisse le front et fronce les sourcils.

– Tu as bu ou mangé quelque chose, tout à l'heure, pendant ta sortie ?

– J'ai pris un chocolat chaud, c'est tout.

– Hum...

Je sens qu'il faut que je lui dise la vérité.

– Mais je n'ai pas eu le temps de me sécher les cheveux avant d'y aller...

Le visage de Savine change soudain d'expression. Elle hausse les sourcils.

– Ça, je ne le répéterai jamais assez : si avec les cheveux mouillés tu sors, à coup sûr tu attrapes la mort ! Pas la peine de chercher davantage.

– Je connaissais pas ce proverbe.

– Normal, il est de moi. Mais il est juste, la preuve ! Mon conseil : va au lit maintenant si tu veux pouvoir encore skier d'ici à la fin de la semaine... Enfin, tu fais comme tu veux ! poursuit Savine en me préparant une double dose d'aspirine.

Soudain, j'aimerais avoir dix ans plutôt que quatorze. J'aimerais que Savine me materne, qu'elle me serre dans ses bras, qu'elle m'oblige à aller au lit, qu'elle vienne me border et me passer la main sur le front… Kenny rêve d'être majeur et moi j'ai une envie folle de grandir en temps normal, mais à cet instant je donnerais cher pour redevenir une petite fille. C'est parfois plus simple d'être jeune.

Savine n'ajoute rien, et c'est Jordane qui me force à être raisonnable.

– Savine a raison… On est mercredi, t'as intérêt à être en forme pour la boum de vendredi !

Je passe en revue mes chances d'attirer la compassion d'Anthony en descendant à la salle dans cet état. Un coup d'œil au miroir me confirme qu'elles sont proches de zéro : je suis aussi pâle qu'un cadavre. Au mieux, je parviendrais à faire rire Kenny ; mais même ça, je ne m'en sens pas la force. Je me lave les dents en vitesse avant de me glisser sous les couvertures. Jordane ne m'a pas lâchée d'une semelle.

– Et toi, qu'est-ce que tu vas faire, ce soir ?

– Je ne sais pas encore. Je vais retrouver César, c'est la seule certitude.

Elle ferme les rideaux des deux mains.

– Ça a l'air de bien se passer avec lui, hein ?

– Plutôt, oui, plutôt. Allez, dors bien.

Jo éteint la lumière et tire la porte. Dans le couloir, je l'entends dire aux petites de ne rentrer que pour se coucher et de ne pas faire trop de bruit. Jordane est une mère pour moi.

Je sens que je suis brûlante. Mon dos est trempé, ma nuque aussi, et l'aspirine de Savine ne fait pas encore effet. Il faut que je dorme, c'est la seule solution. Pourtant, impossible de trouver le sommeil. Les murs tanguent dangereusement tandis que je me repasse dans le désordre le film des derniers jours, échafaudant mille possibilités pour la fin de la semaine. Et si Anthony avait quitté Tiffany pour moi ? Et si Kenny avait l'intention de me faire une grande déclaration ? Et si...

Plusieurs heures plus tard, je ne dors toujours pas. En fait, j'ai des micro-phases de sommeil, mais le moindre bruit me réveille. J'ai entendu Claire et Magali rentrer, puis Laëtitia, et enfin Jordane, bien après. Le silence n'est pas parfait, il y a toujours le bruit d'un moteur dehors, d'une chasse d'eau à l'étage, d'une porte qui claque dans le bâtiment... Il doit être très tard, mais je m'empêche de regarder l'heure pour ne pas déprimer davantage. À force de penser « Il faut que je dorme », j'ai l'impression que le sommeil n'arrivera jamais. Mais je ne veux pas manquer une journée ! Déjà que je me suis absentée tout à l'heure... Une fois de plus, je maudis Julia : finalement, tout ça, c'est de sa faute ! Je n'aurais jamais dû lui dire que je partais au ski...

Phrases cultes

– C'est ce qu'on appelle briser la glace, n'est-ce pas ?
(Kenny, technique d'approche : me faire tomber dans la neige)

– Si tu mets autant de temps à te décider pour descendre du télésiège, tu risques de faire plusieurs fois le tour !
(le type de la location de skis)

– Dans la vie, il vaut toujours mieux être en capacité de décider plutôt que de subir les choses. (Jean-Guy)

– J'entends du bon son, alors je monte, comme le corbeau par l'odeur alléché ! (Kenny)

– Chacun son César ! (moi)

– Je trouve que je suis trop jeune pour tomber amoureuse ! (Laëtitia)

– L'amour peut te tomber dessus n'importe où et n'importe quand, tu ne choisis pas ! (Cédric)

– Si avec les cheveux mouillés tu sors, à coup sûr tu attrapes la mort ! (Savine)

Jeudi 23 février

Je me réveille avec l'impression d'être encore plus fatiguée qu'hier. Mes draps sont trempés, mais je n'ai plus la sensation d'avoir de la fièvre. Malgré tout, je ne parviens pas à sortir du lit.

– Écoute, dit Savine, c'est mon jour de repos, aujourd'hui. Je suis dans ma chambre, je vais me recoucher, et ensuite faire mes petites affaires. Si tu veux rester dormir ce matin, tu me le dis, je préviens Cédric.

Savine est vraiment super-sympa. J'aimerais être comme elle quand j'aurai son âge. Les adultes ne sont pas tous obligés de devenir sérieux et râleurs, elle en est la preuve vivante. Lorsqu'elle aura des enfants, j'espère qu'ils se rendront compte de la chance qu'ils ont.

– Euh... je crois que je veux bien, oui.

Le silence est presque total une fois que tout le monde est parti au ski. Cette fois, je sens que le sommeil ne m'échappera pas. Jordane m'a laissé une de ses couvertures, je me sens comme sous les couettes très lourdes qu'il y a chez mes grands-parents et que j'adore. Je me pelotonne sous les draps et je m'abandonne dans les bras de Morphée, qui ne tarde pas à se présenter.

Je me réveille peu avant l'heure du déjeuner. Cette fois-ci, je me sens parfaitement d'attaque. Je me prépare sans faire de bruit pour ne pas réveiller Savine. Si en plus de nous encadrer du matin au soir elle passe ses nuits à faire je ne sais quoi avec Cédric, je comprends qu'elle se recouche pour son jour de congé.

À table, j'ai droit à toute l'attention de Jordane et de Kenny.

– Tu m'as manqué, ce matin. Le cours est franchement moins drôle sans toi ! s'exclame ce dernier en me passant la corbeille de pain en métal.

J'en doute – personne ne m'a jamais déclaré que j'étais un boute-en-train, ou juste une personne pleine d'humour –, mais qu'il le dise me fait chaud au cœur.

– C'est cool que tu ailles mieux, car après le ski on monte à la station acheter les souvenirs ! m'annonce Jordane, qui porte une fois de plus son pull coccinelle.

Comment sait-elle que j'adore ça ? Décidément, cette fille ne cesse de m'étonner. Dire que je l'ai jugée instantanément quand elle est montée dans le car à cause de sa corpulence et de son look... Je suis pourtant la première à penser qu'on ne doit pas s'arrêter à l'apparence ! Jordane a beau être coiffée de façon originale et habillée n'importe comment, elle est sympa, intuitive et bien plus à l'aise dans la vie que je ne le suis.

Je me suis emmitouflée encore plus que d'habitude pour aller skier. La boum ne se fera pas sans moi, l'excursion à la station non plus. Du coup, je ne force pas trop durant l'après-midi. Je glisse au ralenti, j'abuse sans rougir du chasse-neige et je fuis tout ce qui ressemble de près ou de loin à un obstacle ; je ferme systématiquement la marche aux côtés d'Amaury, qui est revenu mais veille à préserver sa cheville endolorie. Jean-Guy ne me fait aucune remarque. Après tout, je suis en convalescence, non ?

Après avoir troqué nos combinaisons pour des jeans et des pulls, nous prenons la direction de la station, c'est-à-dire que nous refaisons exactement le trajet que j'ai fait hier avec Julia et son père. J'espère que je ne vais pas les croiser dans les boutiques. Je ne tiens pas à m'attirer des questions, ni d'un côté ni de l'autre.

Nous avons un quartier libre de vingt minutes. Quatre boutiques de souvenirs s'offrent à nous. Il y a aussi une petite supérette, un peu plus loin. Cédric, Max et Donia, venue en renfort, nous attendent en buvant du vin chaud sur la terrasse chauffée de la Grotte du Yéti.

– Qu'est-ce que tu vas acheter ? demandé-je à Jordane.

– Rien.

– Comment ça, rien ?

Elle semblait pourtant enthousiaste à la perspective de ces emplettes.

– R-I-E-N ! Ces trucs de station, c'est joli ici, mais ça n'aura plus aucun intérêt une fois dans ma chambre. Je préfère économiser mon fric.

C'est vrai qu'un jour, dans la station des Pyrénées, j'ai acheté un poster d'un écureuil dans la neige que je trouvais magnifique dans le magasin, et qui m'a beaucoup déçue lorsque je l'ai punaisé au mur de ma chambre. C'était comme si les couleurs n'étaient plus les mêmes, comme si le roux du pelage du rongeur ressortait moins bien… Je ne me le suis jamais expliqué, j'ai simplement remplacé le poster par un autre.

– Et pour tes parents, tu ramènes rien ?

– Non plus. Les souvenirs pourris, ils en pensent la même chose que moi. Tu sais, quand j'ai commencé à rapporter tous ces machins qu'on fait à l'école pour la fête des Mères ou des Pères, ils m'ont bien fait comprendre qu'ils étaient contents de constater mes progrès, mais qu'ils ne comptaient pas pour autant utiliser ces cadeaux. Quand je lui ai offert un collier de macaronis peints de toutes les couleurs, que je trouvais hyper-beau, ma mère m'a dit : « C'est gentil, ma chérie, mais tu te doutes bien que je ne vais pas porter des pâtes autour du cou alors que j'ai de vrais bijoux. »

– Hum… c'est pas faux.

Mes parents à moi se sont toujours extasiés sur mes œuvres, y compris sur celles que je trouvais moi-même plutôt ratées. Je me souviens comme ça d'un étui à lunettes particulièrement moche et bancal qui a longtemps trôné sur la table de nuit de mon père. Hypocrisie ou aveuglement ?

– Ben tu vois, c'est comme pour les souvenirs ! Franchement, tu crois que ça va leur faire plaisir, à tes parents ?

– Je sais pas... En fait, je me suis jamais posé la question. Je pars en vacances, je rapporte des souvenirs, c'est comme ça.

– Et tu leur écris aussi une carte, j'imagine ? poursuit Jo en souriant sans aucune méchanceté.

J'en ai déjà repéré plusieurs qui me plaisaient, des vues de la station la nuit. J'hésite avec les recettes de plats savoyards.

– Oui...

– Carte qui va arriver après que tu seras rentrée...

J'ai même vu qu'ils avaient des timbres avec des marmottes et d'autres avec des chamois.

– Sans doute...

– Hum ! Ça ne m'étonne pas.

Les parents de Jordane ont l'air bizarres. Bizarres, mais géniaux, à la réflexion. Tout ça mérite que je creuse le sujet pour les prochaines vacances. Il n'empêche : cette fois-ci, je ne vais pas bouder mon plaisir. Pas question que je reparte avec un centime de l'argent de poche qu'on m'a donné pour cette semaine !

Souvenirs de la colo

Février 2017

- 1 assiette peinte d'un décor de montagne sur son chevalet en bois (ma mère)
- 1 cloche savoyarde décorée d'un edelweiss (mon père)
- 1 bol avec mon prénom (moi)
- 1 boule à neige avec des minichalets dedans (Charlotte)
- 3 cartes postales à envoyer (parents, grandsparents, oncle Roger et tante Sabine)
- 2 cartes postales à garder : la station de jour, la station de nuit
- 1 gros crayon de bois gravé et décoré de fleurs (moi)

J'ai trouvé des cadeaux pour tout le monde, choisi de belles cartes postales (les recettes, finalement), acheté des timbres (marmottes) ainsi que des enveloppes décorées du blason de la station, et dépensé tout l'argent restant en bonbons.

Sans croiser Julia ni aucun membre de sa famille.

Nous repartons en direction du centre. Kenny, qui ferme la marche avec Jonas, se fait rappeler à l'ordre. C'est lui qui traîne le plus.

– Accélère ! lui hurle Max, plusieurs mètres plus bas.

Kenny s'exécute et, laissant Jonas en retrait, il dévale la pente afin de rattraper le peloton. Le sac qu'il porte sur le dos fait un bruit bizarre, et je ne suis pas la seule à le remarquer.

– Kenny ! T'as quoi dans ton sac, qui bringuebale comme ça ? interroge Cédric, soupçonneux.

– Rien, des souvenirs, normal, répond l'intéressé, évasif.

Moi, le tintement m'a évoqué tout autre chose...

– Ouvre-moi ça.

Kenny n'a pas le choix. Lentement, il pose son chargement sur le sol, tire la fermeture Éclair et dévoile un sac à dos plein... de bouteilles de bière de la marque aromatisée à la tequila qu'il m'a fait découvrir.

– Et ça, tu l'as acheté ? demande Cédric en sortant un mug rempli de magnets en forme de marmottes, de bergers allemands et de femmes nues sur des skis.

– Traite-moi de voleur, aussi !

Ça chauffe. Cédric semble furieux.

– Montre-moi le ticket de caisse.

– Il m'en a pas donné.

Cédric me prend à témoin.

– Marion, t'as eu un ticket, toi ?

Affreux dilemme ! Je préfère rester évasive.

– Je crois... enfin, je sais plus trop...

– « Je crois... enfin, je sais plus trop », répète Cédric d'une voix nasillarde, ce qui me fait le détester instantanément et me donne envie de lui lancer que je sais ce qu'il fricote avec Savine. Jordane, t'as eu un ticket ?

– J'ai pas acheté de souvenirs.

Cédric est exaspéré.

– Non mais c'est quoi cette colo ? Claire, Benjamin, montrez-moi vos achats.

Max a quitté la tête du groupe pour revenir sur ses pas.

– Tu crois que t'as pas fait assez de conneries comme ça ? Tu pouvais pas faire profil bas jusqu'à samedi, hein, c'est plus fort que toi ! explose-t-il au visage de Kenny. Allez, hop, tu me donnes ce sac, et dès qu'on rentre tu vas dire bonjour au directeur.

Tiens, j'avais presque oublié son existence, à celui-là. On ne l'a pas revu depuis son discours d'accueil du premier jour. À croire qu'il ne sort de son bureau que lorsque nous sommes sur les pistes...

Anne-Caroline, qui visiblement n'a pas changé de position vis-à-vis de Max, le rejoint.

– Calme-toi, Maxou, ça vaut pas la peine que tu te mettes dans un tel état, l'entends-je lui dire tandis qu'il redescend à grands pas, la pétasse sur ses talons.

« Maxou » ? Non mais je rêve ! Ai-je bien entendu ?

Jordane me jette un coup d'œil sans équivoque. Oui, j'ai bien entendu.

Le directeur a décrété que Kenny avait de la chance qu'on soit jeudi soir : il ne va pas le renvoyer chez lui un vendredi matin alors que tout le monde rentre samedi. Il lui a dit que, si on avait été plus tôt dans la semaine, il n'aurait pas hésité à le faire, parce qu'il a dépassé les bornes. Étienne a confisqué le contenu du sac et l'a rendu au commerçant, et il a prévenu Kenny qu'il avertirait sa mère.

Celui-ci a l'air de s'en ficher royalement. Ce soir, c'est mini-casino, et le directeur voulait le punir, mais il craint qu'il ne fasse encore des bêtises si on le laisse seul, et aucun des anim' n'a envie de passer la soirée à le surveiller. Du coup, il s'en sort plutôt bien.

– Tu sais qu'Antho et Jo ont prévu de faire un faux concert de Fauve, demain, pendant la boum ? me dit-il dans l'escalier, où nous nous sommes arrêtés pour regarder un clip du groupe sur son téléphone.

– Jo... Jordane ?

– Non, idiote, Jonas !

Je suis un peu vexée qu'il me traite d'idiote, même si c'est toujours mieux que « gamine ». Nous prenons place face à la roulette.

– Ah non, je ne savais pas. Ça va être cool !

– Ouais, ça va égayer la soirée. Parce que moi, les boums, danser, inviter les filles et tout, c'est pas franchement mon truc.

Étonnant, de la part de quelqu'un qui ne manque pas une occasion de foncer sur les gens à skis. Il doit préférer la brutalité à la douceur... À moins qu'il se soit simplement fixé comme objectif de faire tomber le plus de personnes. Est-ce qu'il tient des comptes ?

Moi, en revanche, j'adore. La boum, c'est la soirée de tous les possibles, en colo ou ailleurs. C'est un moment hors du temps, on peut danser avec quelqu'un, le toucher, sentir son odeur et se comporter comme si de rien n'était ensuite.

J'ai prévu le coup, et glissé dans ma valise un super-haut pour l'occasion, un truc que j'ai acheté en prévision de l'anniversaire de Charlotte… où il devrait y avoir Grégory. Je ne l'ai emporté que parce que j'ai calculé que ma mère aurait le temps de le laver d'ici là. C'est un peu comme une chemise, mais souple, avec des motifs vaguement disco, des losanges aux couleurs électriques. Avec mon jean bleu, ce sera parfait, féminin juste ce qu'il faut.

– Tu voudrais pas me montrer ta chambre ?

Je m'enhardis ! D'un autre côté, si je ne le demande pas à Kenny, je n'irai sans doute pas à l'étage des garçons de tout le séjour. On est déjà jeudi soir, et je le connais assez, me semble-t-il, pour oser. L'avantage du mini-casino, c'est qu'on est libres de se déplacer comme on veut d'un jeu à l'autre entre les deux salles.

– C'est une proposition indécente ? blague Kenny en bougeant les sourcils dans tous les sens et en faisant mine de vérifier que personne autour n'a entendu. Viens, allons-y maintenant.

Le premier étage est désert. Kenny me mène jusqu'à la dernière chambre, tout au bout du couloir, située juste en dessous de celle de Tiffany et d'Anne-Caroline.

Il y a quatre couchages, dont un inoccupé (le matelas est à nu). Je devine instantanément où dort Kenny : une affiche de Bob Marley est fixée avec de la pâte jaune à la tête d'un lit. Il m'impressionne ; pas une seule fille n'a apporté de quoi personnaliser sa chambre, mais lui, il en a eu l'idée.

– Et là, y'a qui ?

Je joue les naïves, mais Kenny n'est pas dupe.

– Devine.

– Tony ? César ? Jean-Marc ? Amaury ? Jonas ?

Kenny tape dans ses mains.

– Jonas ! Bravo ! Et qui d'autre ?

– Je ne sais pas... Hum... Anthony ?

Il applaudit de plus belle.

– Et alors, comment ça se passe ? Je veux dire... Ils sont sympas, comme camarades de chambre ? Ça va ? demandé-je innocemment.

Kenny balaye ma question d'un geste rapide de la main.

– Tu veux une bière ? me propose-t-il.

Je suis sûre qu'il a fait exprès de ne pas me préciser quel lit était celui de Jonas et quel lit était celui d'Anthony. Rien que pour m'agacer. Nous papotons comme si nous nous connaissions depuis des années, et pas seulement une petite semaine. À croire que la colo a le pouvoir d'accélérer le temps. Je resterais bien là des heures, à discuter en espérant qu'Anthony débarque, mais on nous prie de redescendre.

Cédric nous a surpris en faisant son tour.

Le mini-casino me lasse rapidement. Les jeux d'argent, ça n'a jamais été mon truc, même quand l'argent est faux ; je préfère nettement le dépenser dans les boutiques de souvenirs. Les garçons, eux, ont l'air d'adorer ça, et je ne serais pas étonnée que tout cela dégénère avant l'extinction des feux.

Après avoir essayé en vain de comprendre les règles du backgammon et perdu mes derniers jetons au black jack, je monte dans la chambre. Je n'ai pas lu depuis dimanche soir et, même si j'ai passé la matinée au lit, j'ai du sommeil en retard.

Surtout, je tiens à mettre toutes les chances de mon côté pour la soirée de demain.

Vendredi 24 février

La boum est ce soir ! J'en oublierais presque que le séjour se termine demain en fin de journée. Il va se passer tellement de choses d'ici là... Je suis parfaitement en forme, ma mauvaise nuit de mercredi n'est plus qu'un lointain souvenir.

La boum occupe toutes mes pensées, alors, forcément, je ne peux m'empêcher d'en parler.

– Tu me soûles avec ta boum, tu sais ? me rétorque Kenny sur le télésiège. Je te croyais pas si gamine...

Oups ! Il va falloir que je change de sujet si je ne veux pas qu'il se désintéresse de moi pour les dernières vingt-quatre heures.

La remontée s'arrête brusquement. Je déteste ça, mais je me garde bien de le montrer. Je préfère éviter de me faire traiter de gamine encore une fois.

Discrètement, j'évalue la distance qui nous sépare du sol. On doit être à sept ou huit mètres. L'équivalent du troisième étage d'un immeuble. Si on tombe de cette hauteur, on se fait sûrement très mal, même en atterrissant dans la neige.

Il vaut mieux ne pas y penser. Je dois trouver n'importe quoi à dire pour faire diversion. Je tourne la tête vers Kenny. Il frotte la fixation de son ski contre la barre de la nacelle, comme pour tenter de déchausser.

– De toute façon, tout ce qui est prévu te soûle, non ? C'est à se demander ce que tu aimes faire !

Je n'ose pas vraiment poser de questions à Kenny. C'est comme si j'avais toujours peur de me faire rembarrer. Cette fois, pourtant, il semble décidé à se livrer un peu plus.

– Si tu savais ! Plein de trucs, en réalité. Mais t'as raison, dès qu'il y'a des règles, ça m'amuse plus. Ou plutôt, dès qu'il y'a des barrières, je cherche à aller de l'autre côté.

– Et tu sais pourquoi ?

Kenny ne répond rien, mais au moins il a cessé de frotter sa fixation.

– C'est par rapport à ta mère ? fais-je doucement, comme pour ne pas l'effrayer.

– T'as des frères et sœurs ? m'interroge-t-il en retour.

– Non, je suis fille unique. Et toi ?

– On est quatre. Trois frères et une sœur.

Kenny soupire. Je me demande ce qu'il va bien pouvoir me sortir.

– Quand mon père est parti, ma mère a reporté toute son attention sur mon grand frère, reprend-il. C'était l'idole. Forcément, lui, il travaillait, il pouvait aider financièrement ma mère, qui ne gagne pas énormément. Nous, les petits, on n'existait presque plus. Et puis, un jour, mon frère s'est fait gauler.

– Qu'est-ce qu'il a fait ?

– Des conneries. Des grosses. Qui nous rapportaient un max de pognon, mais des conneries quand même.

– Et alors ?

– Ils l'ont envoyé en taule. C'était y'a cinq ans, et depuis cinq ans ma mère ne vit plus. Elle ne s'occupe plus de nous, elle ne s'occupe même plus d'elle.

– Qu'est-ce qu'elle fait ?

– Rien. Elle attend la sortie de mon frère, c'est tout.

Je ne sais pas quoi dire. Je n'ai jamais rien vécu de si grave. Je ne connais personne, même dans un cercle éloigné, qui soit allé en prison. L'idée que je m'en fais – les cellules, les barreaux, le parloir, tout ça – se base uniquement sur des images de films et de reportages. Dans ma vie à moi, la prison n'existe pas.

Je remarque à peine que le télésiège a redémarré doucement.

Je voudrais remercier Kenny pour cette confidence, mais je ne sais pas comment m'y prendre. Je voudrais essayer de le réconforter, mais je ne trouve pas les mots. Qu'est-ce qu'on dit à quelqu'un dont le frère aîné est enfermé depuis cinq ans ?

– Oh ! Tu rêves ? Si on lève pas la barre maintenant, on repart pour un tour !

Je lui souris.

La journée passe en un éclair. Il fait un temps splendide. Aujourd'hui encore, je ne suis pas tombée une seule fois. Je vois tous ces aspects positifs comme autant de signes, de bons présages. Oui, tout cela ne peut qu'augurer une soirée d'enfer.

Enfin, Jean-Guy annonce la dernière descente de l'après-midi. C'est toujours la meilleure, celle où tout le monde se lâche. Ça se finit en course-poursuite, on essaie de s'attraper mutuellement. Cette fois, nous formons en bas de la piste une énorme chenille, qui se termine par une chute monumentale, façon dominos qui s'entraînent en cascade, et un grand éclat de rire.

Oui, une très bonne journée.

Il y a de l'électricité dans l'air à notre étage. Tout n'est qu'allers-retours incessants entre les chambres et la salle de bains. Savine a mis de la musique, mais personne n'y fait attention ; pas de temps à perdre avec ça. On doit se battre pour se voir dans la glace. C'est un peu un concours : chacune veut absolument être la plus belle. Je pense qu'avec ma chemise disco fluide je ne serai pas mal placée.

Mes illusions sont réduites à néant quand je vois Pétasse n° 1 et Pétasse n° 2 apparaître. Tiffany porte un jean ultra-moulant, un top noir très (trop) décolleté et des chaussures à talons ; Anne-Caroline, une jupe en jean, une chemise à carreaux et des bottes en cuir. Des chaussures à talons ! Des bottes en cuir ! Qui donc peut avoir l'idée de mettre ça dans sa valise pour une semaine de ski ? Pour une semaine de colo ? Toutes les autres sont comme moi, en baskets. En fait, même à la maison, je n'ai ni bottes en cuir ni chaussures à talons.

Jordane, qui n'a pas fait d'effort vestimentaire particulier (enfin si, d'une certaine manière, puisqu'elle porte un pull dans lequel je ne l'ai encore jamais vue), se maquille soigneusement.

– Tu voudras pas me le faire, après ? demandé-je.

Je ne sais pas me maquiller, parce que mes parents me l'interdisent. La légende familiale dit que l'intérêt pour les garçons, et donc tout ce qui vise à les séduire, est incompatible avec de bons résultats scolaires. Ce n'est pas pour rien que je suis bonne élève.

– D'accord. Et je te coiffe, aussi, si tu veux. Je te fais des tresses ?

Je me demande quel est le niveau de Jordane au lycée. Je ne serais pas étonnée qu'elle soit plutôt bonne.

Je la laisse me noircir les paupières, m'allonger les cils et séparer mes cheveux en deux nattes symétriques qui tombent sur mes épaules. Elle les termine par des élastiques assortis à ma chemise ; dans sa trousse de toilette, elle en a de toutes les couleurs de l'arc-en-ciel. J'y aperçois aussi d'autres choses dont je n'ai pas l'usage, mais qui n'ont rien à voir avec des produits de beauté ou des accessoires de coiffure : des préservatifs !

Devant le miroir voisin, Magali se brosse les cheveux avec l'énergie du désespoir, tentant de leur donner un maximum de volume. Elle n'a pas vu ce que je viens de remarquer.

Je remercie Jordane et traverse le couloir jusqu'à la chambre de Savine. Elle est assise à sa table, le visage penché au-dessus d'un miroir de poche. On dirait qu'elle s'épile les sourcils.

Je toque doucement à la porte. Savine relève la tête.

– Oui, Marion, qu'est-ce qu'il y a ?

– Euh... Je voulais te demander... Qu'est-ce que tu en penses ? Je me tiens bien droite dans l'encadrement de la porte.

– T'es très belle, bichette.

Savine baisse à nouveau la tête vers son mini-miroir.

– Ça ne fait pas un peu trop, tu es sûre ? Le maquillage, tout ça ? J'ai pas trop l'habitude, en fait...

La mono se retourne vers moi.

– T'es parfaite, je te dis. La boum, c'est le soir ou jamais pour se maquiller, de toute façon ! Et puis, tu as vu le défilé de mode à côté ?

Elle fait un geste en direction de la chambre de Tiffany et d'Anne-Caroline.

– Si quelqu'un en fait trop, je te garantis que c'est pas toi ! conclut Savine.

Vaguement rassurée, je gagne la salle de bains ; Jordane en sort au même moment. Elle va reprendre le contrôle de la chaine hi-fi. Sans quitter ma place devant la glace, je tends l'oreille. Elle a encore mis un truc incroyable. Elle pousse le volume et, d'un coup, ça met le feu à tout l'étage. « Nous ne faisons que passer, dans l'ombre sous la lumière, sans prendre le temps de s'arrêter... » Ce soir, personne n'a envie de rester dans l'ombre.

Je commence à transpirer dans ma chemise neuve. C'est la matière, semble-t-il, qui fait ça. Je lève les bras : il y a des petites auréoles. Mince ! Si ça fait ça alors que je suis immobile dans une salle de bains, qu'est-ce que ce sera quand je danserai au milieu des autres ! Il est encore temps de me changer, mais je n'ai rien envie de porter d'autre. Tant pis, je garderai les bras collés le long du corps.

J'ai la tête dans mon armoire quand Magali revient dans la chambre. En dépit de ses efforts, ses oreilles pointent hors de la masse de ses cheveux. Elle semble abattue.

– Ça n'a pas marché comme tu voulais ? demandé-je.

– Quand je serai majeure, c'est le premier truc que je ferai : me les faire recoller. Ça me gâche la vie.

Une boum, ça peut changer le cours des choses, c'est pour ça que j'aime tant ça ; il se peut qu'on soit malheureux après... mais personne ne devrait l'être *avant*.

– T’as déjà essayé de faire ça ?

D’une main, je dénoue le foulard bariolé que Magali porte autour du cou et je l’attache au-dessus de son crâne, en le faisant soigneusement passer sur la partie extérieure des oreilles.

– Ça va faire œuf de Pâques…

Enfin, je fais glisser le nœud jusqu’à la nuque de Magali, de façon qu’il disparaisse sous ses cheveux.

– Pas mal ! est-elle forcée de reconnaître en observant le résultat.

– T’es canon, tu veux dire !

Le visage de Magali se fend d’un large sourire. C’est encore la meilleure façon qu’elle a de faire oublier ses oreilles. Objectif atteint !

C’est portées par l’euphorie collective que nous allons dîner. Toutes les filles sont pomponnées, alors que les garçons n’ont visiblement pas fait plus d’efforts que d’habitude. Du coup, les remarques sont pour nous.

– Ouah, les yeux de biche !

– C’est un défilé de top models ou quoi ?

– Attention, on signale un arrivage de voitures volées, je répète, arrivage de voitures volées ! crie Kenny en mettant ses mains en porte-voix.

En regagnant le Sapin bleu, je sens l'excitation monter. Si je m'écoutais, je courrais presque sur le petit chemin. Jordane me montre les pétasses du doigt. Avec ses chaussures à talons, Tiffany manque plusieurs fois de se casser la figure. Elle se rattrape comme elle peut en s'agrippant à Anne-Caroline, guère plus avancée avec ses bottes.

Les tables ont été poussées contre les murs, les chaises sont empilées, il y a des spots de plusieurs couleurs et même une boule à facettes. Dans un coin, Cédric finit d'installer un bar, avec du Coca, de la limonade, des jus de fruits et des assiettes de biscuits apéro.

Exceptionnellement, les plus âgés des petits nous ont rejoints pour l'occasion.

Au début, personne ne bouge. Chacun reste dans son coin, assis sur sa chaise ou debout contre le mur, sans trop lever les yeux. Pourtant, la playlist de Max est plutôt sympa. J'espère qu'il repassera les mêmes chansons tout à l'heure, quand l'ambiance sera là et qu'on se sera décoincés…

C'est Savine qui ouvre le bal. Elle se déhanche avec un naturel que je lui envie. Ses cheveux valsent dans tous les sens.

– Eh, les filles, me dites pas que vous avez passé trois heures à vous préparer pour faire tapisserie !

Cédric la rejoint, et ils se lancent dans un rock endiablé sur une version accélérée de *Stayin' alive*. Puis chacun d'eux tire quelques enfants par la main pour les amener au centre de la salle. La plupart d'entre eux y restent. Ça y est, la soirée est lancée.

– Si on me cherche, invente n'importe quoi, ou dis que je suis partie me reposer dans la chambre, me dit Jordane tout bas. On va faire un tour, avec César.

– OK.

Je la joue cool, mais j'aurais bien eu besoin d'une alliée pour cette soirée.

J'observe Claire, Laëtitia et Magali, qui n'a perdu ni son foulard ni son sourire. Après un temps d'hésitation, elles ont rejoint la mêlée, où Benjamin se trémousse en cadence depuis quelques chansons. Habilement, elles font en sorte de s'approcher de lui, puis manœuvrent pour qu'il se retrouve face à Claire. Alors seulement, Laëtitia et Magali se décalent vers l'autre côté de la masse remuante. J'étais calculatrice comme ça, moi, à onze ans ?

Anne-Caroline et Tiffany entrent en piste à leur tour. Comme il fallait s'y attendre, elles dansent super-bien et parfaitement en rythme. Je me sens nulle. Les garçons s'approchent, formant un cercle autour d'elles. Certains tapent même dans leurs mains en mesure.

Bientôt, les vitres se couvrent de buée. Je sens les auréoles réapparaître.

– Exceptionnellement ce soir, les fumeurs ont le droit d'aller sur le balcon, annonce Max après que Gwenaëlle et Lise ont rapatrié les petits, non sans protestations, au Sapin vert.

Kenny saisit la balle au bond. Je le suis : si je sors de temps en temps, ça devrait me rafraîchir et faire, je l'espère, disparaître les traces de sueur sous mes bras. J'ai beau avoir les cheveux secs, je sais que si je répète ce manège je risque de retomber malade ; mais le jeu en vaut la chandelle. Après tout, demain est le dernier jour, et ce soir, la soirée de la dernière chance.

– Sympa, ton chemisier, me dit Kenny après avoir allumé sa cigarette. Ça change.

Ce n'est pas un chemisier, mais je me garde bien de le lui faire remarquer.

– Merci.

– Tes tresses aussi, c'est marrant.

Je rosis. En fait, je crois que je l'aime vraiment bien, Kenny. Malgré nos différences. Et c'est précisément à cause de ces différences que je sais qu'on ne se reverra pas. Il n'y avait qu'une colo qui pouvait nous rapprocher.

Il va me manquer.

– En fait, tu fumes comme moi je suis bon en cours ! dit-il.

Je le regarde une seconde sans rien répondre. À quoi bon ?

Dos à la salle, j'observe le ciel. Il est sombre et plein d'étoiles, encore plus beau que les soirs précédents. Encore plus beau, et romantique. Je frissonne.

– Vite, ils commencent le concert ! s'exclame Kenny en me poussant à l'intérieur.

Comme l'autre jour, Anthony et Jonas sont montés sur la table. Cette fois-ci, ils portent des chapeaux de déguisement et tiennent à la main des guitares en plastique. Je ne sais pas où ils ont dégoté tout ça. Les anim' doivent être complices. La musique de Fauve emplit la pièce. Tout le monde est rassemblé face à la table, sauf Claire et Benjamin, qui s'embrassent dans un coin (bien joué, les filles). On se croirait vraiment dans un concert de rock. Enfin, j'imagine. Tiffany et Anne-Caroline ont repris leur rôle de fans. Elles sont déchaînées. À se demander si elles n'ont bu que du jus d'orange…

Anthony et Jonas sont applaudis comme des stars. Anthony a le front qui brille de sueur. Je le trouve encore plus magnifique que d'habitude.

– Bravo, c'était vraiment super, tu le fais vachement bien, dis-je à Anthony lorsque celui-ci, descendu de la table, passe près de moi.

Il me sourit sans rien dire, et sans vraiment me regarder. À cet instant précis, Tiffany le tire par le bras et l'embrasse à pleine bouche.

Réagis ! Repousse-la ! Dis-lui que tout est fini ! l'imploré-je en mon for intérieur. Mais il se laisse faire, et l'enlace. C'est foutu, foutu, foutu.

Dépitée, je vais me servir un Coca.

– Et moi, j'ai pas été bon ? me demande Jonas en s'approchant du bar.

– Euh… si, bien sûr.

– Ah, ben, ça fait plaisir !

Je regarde Jonas : est-ce qu'il se moque de moi ? On ne dirait pas. Je désigne du menton la bouteille de Coca que je tiens à la main.

– Tu veux un verre ?

– Oui, merci !

Je l'observe tandis que lui surveille le niveau de la mousse brune dans son verre. Est-ce que Jonas me plairait ? Je ne sais plus si je me suis déjà posé la question.

– Tu vas rester là toute la soirée à te morfondre ? me lance Kenny. C'est bien la peine de m'avoir bassiné avec ta boum ! Tu crois qu'il en vaut la peine ?

– De qui tu parles ? fais-je en écarquillant les yeux.

– Ben, d'Antho. Ça se voit comme le nez au milieu de la figure, que tu le kiffes, et depuis le début. Franchement, tu mérites mieux que ça.

– Pourquoi tu me dis ça ? Pourquoi t'es aussi gentil avec moi ? l'interrogé-je en sentant mon cœur fondre.

La fin du séjour, Anthony qui m'ignore superbement et tant de gentillesse gratuite… Je suis à deux doigts de pleurer.

– Parce que je t'aime bien. Depuis quand il faut des raisons pour être sympa ? Allez, viens, on va pas le laisser te gâcher la soirée.

Kenny m'entraîne sur la piste, et je me laisse faire.

– Je croyais que t'aimais pas ça...

– T'occupe !

Quand arrive le moment des slows, je sens la mélancolie rappliquer. Anthony et Tiffany, qui ne se sont pas lâchés depuis la fin du concert, dansent collé-serré en s'embrassant passionnément.

– Viens, on va faire un tour, tu veux ? On reviendra quand ils remettront des trucs qui bougent.

Est-ce que Kenny va tenter quelque chose ? Je crois qu'il l'aurait déjà fait s'il avait voulu, mais je ne peux m'empêcher d'espérer.

Cette fois, on met les manteaux.

– Planque-toi ! m'ordonne soudain Kenny en apercevant Max, de dos.

Merde ! Anne-Caroline se tient face à Max. Nous tendons l'oreille. Visiblement, Max est en train de mettre les choses au point avec elle.

– C'est normal que je sois gentil avec toi, je suis animateur dans cette colo, c'est mon boulot, tu comprends ? s'énerve Max.

– Mais j'y peux rien, moi, Maxou, si je suis tombée amoureuse de toi ! se lamente Anne-Caroline.

Kenny et moi nous regardons avec une furieuse envie d'éclater de rire. Elle a un vrai talent pour jouer la comédie !

– Et arrête de m'appeler Maxou, c'est insupportable ! conclut Max.

Nous nous éloignons en pouffant.

Kenny sort de sa poche une cigarette toute tordue, et je comprends tout de suite qu'il s'agit d'un joint.

– Tu veux essayer ?

À lui, je n'ai pas envie de faire croire que je connais déjà. Je sais pourquoi je me sens bien, en fait, avec Kenny : il ne me juge pas, il ne se moque pas de moi. Il est cool. Ensemble, on est cool.

– Non merci. Ça me dit rien. J'ai même jamais fumé de cigarette, tu sais !

Est-ce que tout ça est obligatoire ? Je crois que je peux m'en passer pour grandir. Kenny me regarde en hochant la tête et, à nouveau, je sens que mon cœur devient de la guimauve.

– C'est toi qui as raison, p'tite Marion, dit-il enfin.

Un grand frère. Voilà, c'est ça. Kenny me fait penser au grand frère que j'aurais rêvé d'avoir.

La boum touche à sa fin quand Jordane réapparaît, suivie de César. Dans le fond de la salle, j'aperçois Anne-Caroline. Elle s'est rabattue sur Mathieu. Ils s'embrassent en faisant plein de bruits.

César se dirige vers le bar plutôt que de coller Jordane comme à son habitude. Surprise, je demande à Jo :

– Ça va pas ?

– Si, si, ça va très bien. On l'a fait, poursuit-elle plus bas.

– Quoi ? !

Je détaille successivement Jordane, puis César, qui se sert tranquillement un deuxième verre de jus de pomme. Je ne leur trouve rien de changé.

– T'as très bien entendu.

Je repense aux préservatifs dans la trousse de toilette.

– Et... sur le toit ?

Je suis hallucinée, mais je crois qu'à ce stade plus rien ne m'étonnerait vraiment.

Jordane secoue la tête.

– Non, trop glacial. Dans sa chambre.

– Vous êtes fous ! Et alors ? C'était comment ? Ça fait quoi ?

– C'était normal. Enfin, je veux dire, j'ai pas eu mal ni rien, c'était sympa. C'était sa première fois à lui aussi.

Que d'informations à la fois ! Que de révélations !

– Tu me donneras des détails ?

Les yeux de Jordane pétillent. Elle secoue la tête en souriant et, pour la première fois, j'entends le grelot de sa mèche faire un petit bruit.

– Je ne crois pas. Parce qu'en fait, c'est trop incroyable pour être raconté.

J'ai un peu la tête qui tourne.

Je n'en reviens pas, de cette soirée.

Je n'en reviens pas, de cette semaine.

LISTE des couples formés

1. Anthony et Tiffany
2. Jordane et César
3. Lauretta et Mattéo
4. Safia et Tony
5. Claire et Benjamin
6. Mathieu et Anne-Caroline
7. Cédric et Savine

love you

Samedi 25 février

Le ski est facultatif, ce matin. Je choisis de ne pas y aller, sur le conseil de la sportive qui sommeille en moi. On doit rendre le matériel en début d'après-midi. Comme il n'y a pas beaucoup de partants, Cédric a proposé aussi un atelier de construction d'igloo. Je crois que Kenny y participe.

Malgré mes allers-retours sur le balcon en chemise, je ne suis pas malade, mais enchantée de ma soirée d'hier, finalement.

Mes cheveux ont gardé le pli des tresses faites par Jordane. Ils sont ondulés sur les longueurs, et j'aime beaucoup le style que ça me donne.

– Tu vas voir que tu y prendras goût, a commenté Savine. On s'attache vite à la Pocahontas qui sommeille en chacune de nous !

Moi, c'est aux filles à tresses que je m'attache vite.

Quand je rapporte mes grands skis au loueur, ses plaisanteries ne me vexent pas. Elles me font même rire, cette fois-ci.

Je n'ai pas envie de remonter dans le car.

Nous passons l'après-midi à faire nos bagages. Je m'aperçois que je n'ai pas sorti mes pastels ni mon bloc de ma valise. Je n'en ai pas eu besoin pour accélérer le temps, et j'ai même fini par oublier que je les avais emportés. Il flotte dans l'air un parfum de fin de vacances que je déteste. Ça me donne un mauvais goût dans la bouche, une amertume désagréable. Les portes claquent, les uns et les autres redonnant un masque emprunté, une paire de chaussettes retrouvée, etc. Jordane et moi, on s'échange nos numéros de portable. Je sais qu'on va se revoir, très bientôt sans doute.

Elle se dépêche de remplir son sac de voyage et file à l'étage inférieur retrouver César pour profiter des derniers instants avec lui.

Magali, qui a remis son foulard en bandeau dans ses cheveux aujourd'hui, entasse ses affaires dans sa valise à roulettes en soupirant comme si c'était la pire corvée de la terre.

Du haut de ses douze ans, Laëtitia a replié chacun de ses vêtements avec la précision d'une femme de chambre. À présent, elle nous observe nous activer sans rien dire, perchée sur son lit.

– Je n'oublierai jamais ces vacances, soupire Claire, des larmes dans la voix.

Je la prends un peu de haut (j'ai trois ans de plus qu'elle, tout de même !), mais je pense la même chose.

Je fais plusieurs fois le tour de l'étage pour photographier mentalement les lieux. Mon téléphone me manque cruellement : je n'ai même pas pensé à prendre un appareil photo. Les chambres, le couloir, la salle de bains... je veux tout mémoriser, jusqu'au plus petit détail : je me sens soudain prise de tendresse pour les inscriptions gravées dans le bois des armoires. Je comprends ceux qui ont fait ça. Je serais presque tentée de les imiter pour immortaliser ma présence ici. *Marion et Kenny, une semaine de folie. Marion et Jordane, amies pour la vie.*

Et la vue... J'espère que je me souviendrai éternellement de cette vue depuis le balcon de la chambre. Ces sommets imposants et fiers. Ces arbres qui se dressent majestueusement vers le ciel. L'air glacé qui rend les couleurs plus vives. Cette couche de neige uniforme qui donne au paysage une véritable pureté. C'est comme s'il ne pouvait rien arriver de vraiment mauvais dans un décor pareil.

Je me représente subitement les bouteilles de bière qui dorment sous le manteau blanc et repense à ce que Kenny a dit à propos du printemps, quand la neige fondra.

Je souris.

Je descends seule à la salle d'animation. J'ai l'impression de connaître par cœur le moindre centimètre de cette grande pièce, qui a été tour à tour une salle de jeux, une salle de ciné, un casino et une discothèque. Comme dans un rêve, j'entends la voix de Cédric résonner entre les murs : « Nous allons vivre une semaine tous ensemble et, sans consignes, ce serait vite l'anarchie. » J'ai l'impression que c'était il y a une éternité, les consignes, et en même temps il y a un instant seulement. J'étais entourée d'une trentaine d'inconnus. Plus aucun d'eux ne l'est désormais. Nous avons effectivement vécu une semaine tous ensemble. Globalement, les règles ont été respectées et ça n'a pas été l'anarchie. Et s'il y a eu quelques écarts, quelques transgressions (y compris de ma part), ça n'est que parce que nous sommes encore des enfants.

Mais des enfants qui vont quitter les Trois Sapins un peu plus grands qu'ils ne l'étaient en y entrant.

Je remonte en fredonnant « Opération coup de poing, opération coup de poing ».

Dans l'escalier qui mène du rez-de-chaussée au premier étage, je manque de percuter César.

– Je vais voir où en est mon frère, me déclare-t-il.

– D'accord !

– Au fait... commence-t-il alors que j'ai déjà gravi plusieurs marches.

– Oui ?

– Elle est cool, ta copine.

Je prends cela pour un véritable compliment. Et je sais que César est sincère.

– Je sais, réponds-je, pas peu fière. Vous êtes amoureux ?

Je regrette aussitôt ma question. Non mais qu'est-ce qui me prend ? Ce n'est pas parce que c'est le dernier jour que je...

– Je crois, oui.

Bon.

Je ferme ma valise et prépare sur mon lit le contenu du sac à dos que je garderai avec moi dans le car : mon livre, mon MP3, mon journal de bord, des mouchoirs, la bouteille d'eau que j'avais à l'aller et les quelques bonbons qu'il me reste de la virée à la station.

Jonas entre dans la chambre sans frapper.

– Ça sent la fin, pas vrai ? Adieu la liberté...

Je lui souris sans trouver quoi répondre.

– Je peux ? demande-t-il en attrapant mes écouteurs posés sur la couverture marron.

Je n'ai pas le temps de lui dire non.

– C'est quoi ? fait-il en libérant ses oreilles au bout de quelques minutes d'écoute.

– Véronique Sanson, dis-je sans trop d'assurance.

– Je connaissais pas. C'est pas mal...

– Non, mais j'écoute pas que ça, hein...

Il repose les écouteurs et plante son regard dans le mien.

– Si tu veux, on pourra se revoir, quand on sera rentrés. Un samedi après-midi, par exemple. La patinoire, tu aimes ?

Son regard se fait plus intense encore. Je sens mes jambes qui flageolent. Je ne comprends pas trop ce qui m'arrive.

– Oui, j'aime bien, balbutié-je.

– Je te laisserai mon numéro de portable. À tout à l'heure, fait Jonas en quittant la pièce.

Je reste immobile un instant.

Il repasse la tête dans l'encadrement de la porte.

– Au fait...

Je n'ai pas bougé d'un cheveu.

– Tu te mets à côté de qui, dans le car ?

J'attends que Jonas soit parti pour de bon avant de me risquer à prendre un écouteur. Je veux savoir ce qu'il a entendu. Quelle chanson. Le vibrato de la voix de Véronique Sanson fait sursauter mon cœur dans ma poitrine. Le mauvais goût que j'avais dans la bouche a disparu. Les paroles me soufflent qu'il est peut-être temps d'oublier Grégory. La chanteuse dit qu'aimer est parfois une évidence.

Pas de doute, c'est bien à moi qu'elle s'adresse.

♫ DONNE-TOI ♪

(Véronique Sanson, 1976)

Prends une minute pour l'oublier
Et laisse ton désir s'allumer
Alors ose le faire
Ose le dire
Ose aimer
Ose aimer
Vraiment

Dimanche 26 février

Il fait jour depuis plusieurs heures quand le car s'arrête sur le parking. C'est le même qu'une semaine plus tôt, pourtant il me semble qu'une année entière s'est écoulée depuis. Oui, il me semble que ma vie a changé.

Mes parents sont là, qui me font de grands signes. Je tourne la tête de l'autre côté, je fais semblant de ne pas les voir. J'essaie d'identifier les familles, de trouver des ressemblances entre les visages souriants dépassant des manteaux et ceux avec qui je viens de vivre cette semaine incroyable.

J'en avais presque oublié qu'ils avaient tous des pères, des mères, des sœurs, des frères.

J'ai passé le trajet au fond du car, entre Kenny et Jonas. Jo s'est assise juste devant, avec César, et ils ont dormi l'un contre l'autre pendant presque tout le voyage.

Moi, je n'ai pas fermé l'œil. J'aurai tout le dimanche, et toute la semaine ensuite, pour récupérer. Les derniers instants ici – oui, c'est encore *ici* tant qu'on est tous ensemble – sont bien trop précieux. Je veux les faire durer au maximum.

Jonas m'a tenu la main une partie de la nuit.

Kenny s'en est rendu compte, et il m'a fait un clin d'œil amusé.

Amusé, mais sincère.

Il a terminé par un coup d'éclat, en annonçant à la cantonade qu'il avait réussi à passer la semaine entière sans se faire confisquer son téléphone. Les anim' se sont lancé des regards désespérés. Je crois qu'ils ne vont pas le regretter.

Je n'ai pas eu mal au cœur. Pas même au début, en descendant dans la vallée. À croire que mon cœur, précisément, était trop accaparé par autre chose pour penser aux virages.

Dans une semaine, c'est l'anniversaire de Charlotte, mais je ne veux même pas y penser. Grégory ne m'intéresse plus. J'ai vécu ce que j'avais à vivre avec lui. Inutile de ruminer le passé. L'avenir est bien plus prometteur.

Il se pourrait d'ailleurs que je n'y vienne pas seule, à cette soirée. Je me demande comment Jonas va s'y prendre pour me dire au revoir. J'espère que mes parents ne vont rien remarquer.

– Alors, comment ça s'est passé ? m'interroge ma mère.

– Tu t'es bien amusée ? renchérit mon père.

Je leur souris. Je ne réponds rien.

Je me retourne et jette un dernier regard au car désormais vide. Je veux graver à jamais son image dans ma mémoire, comme si c'était un coffret dont les trésors venaient d'être dispersés par le vent. Des trésors improbables, et magiques. J'ai le cœur déchiré entre ce que je quitte et ce qui m'attend. Entre la nostalgie et l'espoir. Une semaine, et l'avenir tout entier.

C'était génial, tout simplement génial. La meilleure colo de ma vie, rien de moins.

– Je t'ai apporté ton portable, dit ma mère. Il est dans mon sac à main. Tu le veux maintenant ?

Elle fouille dans sa besace sans attendre ma réponse.

Je prends l'appareil et je le glisse dans ma poche. Jonas m'a promis qu'il m'enverrait un message dans la soirée. Si mon téléphone m'avait accompagnée pendant cette semaine, je serais peut-être restée fixée sur Grégory, Charlotte et le collège. Je serais peut-être passée à côté des personnes passionnantes que j'ai rencontrées. Kenny, Jordane, Savine, et bien sûr Jonas...

À travers mon blouson de ski, je sens mon portable contre ma hanche. Je vais attendre un peu avant de le rallumer.

FIN

Les chansons de la colo de Marion (par ordre d'apparition)

Orange, La Ruda Salska, *Le Prix du silence*, Tripsichord, 1996.

P4, Sinsemilia, *Première Récolte*, 1996.

Un jour en France, Noir Désir, *666.667 Club*, Barclay, 1996.

Brigadier Sabari, Alpha Blondy, *Jah Glory*, Syllart Record, 1983.

Putain d'époque, Dosseh *feat.* Nekfeu, *Yuri*, Golden Eye Music, Capitol, Universal, 2016.

Haut les cœurs, Fauve, *150.900*, Fauve Corp, 2016.

Mission Cleopatra, Snoop Dogg *feat.* Jamel Debbouze, *bande originale* d'Astérix & Obélix : Mission Cléopâtre, Barclay, 2002.

Help Myself (*Nous ne faisons que passer*), Gaëtan Roussel, *Ginger*, Barclay, 2010.

Stayin' alive, The Bee Gees, *Saturday Night Fever: The Original Movie Sound Track*, RSO, Reprise, 1977.

Donne-toi, Véronique Sanson, *Vancouver*, WEA Records, 1976.

Ce roman a été écrit entre la station
de Saint-François-Longchamp,
en Savoie, les rives du lac de Côme,
dans les Alpes italiennes,
le village de Buschwiller, aux portes
de la Suisse, et Strasbourg
sous la neige.

Composition : Facompo – Rouen

MIXTE
Papier issu de
sources responsables
FSC® C003309

Achevé d'imprimer en France par EPAC Technologies

N° d'édition: 4550414308918

Dépôt légal: janvier 2018